ANTOLOGIA POÉTICA

SERGIO C

O SO
INSONE

PROJETO GRÁFICO
Sergio Cohn

FOTO DA CAPA
Leonardo Cohn

CIP-BRASIL: CATALOGAÇÃO NA FONTE
C629s
Cohn, Sergio, 1974 - O Sonhador Insone - Antologia de poesia (1994-2021) / Sergio Cohn
176 pgs.

ISBN 978-85-65332-38-5

1. poesia brasileira. I. título.
15.21292 CDD: 869.91

WWW.AZOUGUE.PT
RIO DE JANEIRO | LISBOA, 2022

APRESENTAÇÃO
Pedro de Niemeyer Cesarino

O Sonhador Insone é um livro de encontros, de partilha da poesia como veículo que redefine e ultrapassa o humano. Sergio Cohn, poeta-andarilho que não tem carteira de motorista, atravessa o Rio de Janeiro com passos rápidos, embora sem pressa, pois quer tornar-se outro com o que os caminhos lhe oferecem. Pessoas, árvores, vento: não se trata apenas de encontrar correspondências naquilo que o atravessa, a natureza como templo a emitir seus oráculos enigmáticos. O encontro projeta um futuro no qual apenas a poesia existiria, porque apenas ela sempre existiu: "não há fim/ porque o tempo/ não é uma via/ mas uma vibração/ íntima/ com o qual/ nos relacionamos/ é o choque/ entre vidas". Daí que *O Sonhador Insone* se constitua como uma espécie de advertência ao sujeito isolado, que se confronta com uma exterioridade supostamente capaz de redimi-lo ou de emitir os sinais que ele buscava para sua própria salvação. Não se espera mesmo desse exterior — a natureza — que venha nos conduzir durante nosso ocaso: "não há mais nenhum Virgílio/ para nos guiar/ mas veja: nada aqui é novo/ nem mesmo o labirinto/ e nunca estivemos realmente sozinhos."

Atento ao que extrapola a inscrição da poesia como gênero literário moderno, Sergio Cohn (seja em sua poesia, seja em seu trabalho editorial) sempre buscou em suas margens outros centros com os quais poderia compactuar: a experiência *outsider* das ruas, a prontidão mágica, a reversão da violência e da autoridade pela festa, o excesso de humanidade que os ameríndios sabem encontrar lá onde brancos enxergam apenas indivíduos. Sua poesia acaba por mostrar o pandemônio de que é constituído, a multiplicidade que dá sentido a uma partilha incapaz de se acomodar ao verso. Parece mesmo que o ritmo — palavra em sua origem associada ao movimento regular das ondas, como lembrava Émile Benveniste — não é aquele da escansão, mas sim o do fluxo sem finalidade, da conexão sem propósito outro senão o que excede: "o alheio: não o outro/ do morro ou o rosto/ da rua, mas o que/ ainda despercebido pulsa".

Ao escrever a descoberta de Leo, seu filho ainda pequeno, de que seus sonhos não eram os mesmos de seu pai, a poesia de *O Sonhador Insone* cria uma trajetória inversa à que se esperaria de tal constatação. Como afirma em outro poema, a solidão inexorável e a marcação dos corpos pela violência dos homens não são, afinal, uma condição a se lamentar, mas um marco de contrainvenção. A poesia não vai se limitar ao mesmo quarto do sono solitário e do sexo balizado, à mesma sala das conversas dos adultos sobre o medo, a memória e a iminência do fim: "o amor se faz no mato/ onde somos corpos/ entre corpos/ vidas entre vidas/ e restos de vidas/ que incomodam/ cheiram tocam".

Talvez seja esse envolvimento que permeia uma poética corporal marcada pelo confronto com seu tempo, do qual se quer extrair simultaneamente as ferramentas e as linhas de fuga possíveis. Os quatro pares de palavras de que se constitui tal programa — saque/dádiva, nomadismo/habitar, traição/vínculo, invenção/experiência —, não por acaso, foram marcos de uma série de conversas instigantes costuradas entre vozes várias da cultura brasileira, publicadas pela revista *Azougue* entre 2006 e 2008. Sergio Cohn faz de suas interlocuções uma floresta e um entrelaçamento atravessado por operações de troca, por estratégias de constituição de um campo de afetação mútua que se torna capaz de instaurar sua própria temporalidade projetada contra a fratura do contemporâneo. Tal instauração não quer ser novidade ou convencimento pelo efeito da linguagem, mas sim um espaço de torções, a Fita de Moebius de que se constitui *O Sonhador Insone*: "o conhecimento da via: ser o mesmo. trajetória./ o conhecimento do campo: ser o outro. estratégia."

EXCURSO ALUCINÓGENO: A NOVA VISÃO DE SERGIO COHN

Eduardo Guerreiro B. Losso

1- Pensamento psicodélico

Sergio Cohn alega não ter formação. Não concluiu graduação. Por isso mesmo, é um ser anfíbio. Transita por diferentes atividades. Circula por diferentes saberes. Não é um mero diletante, contudo, pelo contrário. Desde muito cedo, tornou-se editor de revista e, em seguida, da editora Azougue. Se não tem diploma outorgado por instituição, criou uma formação alternativa para si mesmo. A prática incessante de editor de cultura lhe proporcionou uma mobilização interdisciplinar e intercultural extraordinária. Impulsionado pela sede de descobrir, divulgar e publicar autores pouco ou nada visíveis, importantes porém pouco acessíveis, obscuros, esquecidos ou mesmo calados, bem como contemporâneos de geração e, mais adiante, também material especial de uma série de personalidades consagradas, foi aprendendo e refletindo densamente sobre percursos diversos para trilhar o seu. Ao ir no encalço de muitos poetas e artistas mais velhos, entrevistando-os, tornou-se um jovem cheio de amizades notáveis e arrastava consigo amigos de geração para o entorno, de modo a criar a identidade de escritores da Azougue inegavelmente por sua causa, tornando-se o pivô de um verdadeiro encontro geracional. Não só Sergio ganhou um farto repertório de histórias para contar, como pode ser considerado um dos autores que mais entrevistou intelectuais e artistas, novos ou destacados, esquecidos ou célebres, sem sequer ter chegado aos cinquenta anos.

O que gerou toda essa fecunda inserção no mundo foi, desde sempre, uma agudíssima inquietação poética e crítica. Na verdade, Sergio colocou em primeiro plano a prática da entrevista de tal forma que ela se transformou numa marca da editora (especialmente com a coleção Encontros), que, a partir do próprio exercício abundante, desenvolveu uma reflexão teórica de grande alcance a respeito.

Soube aprender com os mais velhos para ser um jovem irreverente, tomar consciência da tradição para congregar um movimento renovador e ser um cruzamento de diferentes setores artísticos para formular uma visão original contra o individualismo e a favor do coletivo. Assim se constituiu sua visão de mundo, de singularidade incomum, fruto da formação excepcional que esculpiu no próprio corpo, ao longo da trajetória. Tornou-se um poeta editor, editor crítico, crítico pensador, pensador poeta, e também jornalista cultural, designer e curador: ser anfíbio em que cada uma das atividades não vive nem respira sem a outra e, em sinergia, a manifestação de cada uma atesta pertinência, necessidade e singularidade, com resultados explícitos.

Não é o caso de discorrer aqui sobre sua persona de editor nem de ensaísta. Este livro é a mais nova antologia de sua poesia, incluindo três poemas inéditos. No entanto, não é possível ignorar, em sua poesia, a sinergia heterogênea. A escolha dos poemas de cada livro e o arranjo deles contém mirada de editor experiente. Foram objeto de revisão ou mesmo de recomposição e seu estado atual é efeito de um *work in progress* permanente. O conjunto, que vai acrescentando e modificando o todo a cada nova publicação, é mais ou menos o que Baudelaire, no seu tempo, implementou com *As Flores do Mal*, e Walt Whitman, com *Folhas de Relva*. A peculiar diferença está na mudança do próprio nome: a antologia anterior, de 2016, foi intitulada *Contraprograma* e sua parte inédita se tornou a seção homônima aqui presente. Já esta antologia que o leitor possui em mãos estampa o nome de um dos livros publicados anteriormente, o de 2006, *O Sonhador Insone*. É importante reter tal baralhamento da titulação, porque estamos diante de um poeta que se aplica em tais rearranjos.

O outro lado da sinergia é mais distintivo: a obra de Sergio Cohn foi efetuada como poesia de pensamento. É preciso entender a palavra em dois sentidos: primeiro, o crítico. A revista e depois editora Azougue realizou a verdadeira obra de releitura de toda uma tradição poética pouco visível e cheia de importância na poesia brasileira. Roberto Piva, uma espécie de grande iniciador de Sergio, foi quem apontou o caminho inicial, nos anos 1990: uma síntese peculiar de surrealismo, antropofagia, beat generation, geração marginal, contracultura e xamanismo. A geração paulista dos anos 1960, de Piva, Jorge Mautner, Claudio Willer, Hilda Hilst, entre outros, foi uma espécie de mãe da Azougue, mas também os cariocas Leonardo Fróes e Afonso Henriques Neto, que estão dentro do mesmo paradigma. Com o tempo, Sergio privilegiou a publicação, no Brasil, de obras da geração beat, com destaque para o livro de Michael Mcclure, *a nova visão: de blake aos beats*, em 2005. Observe-se que a recusa de maiúsculas no próprio título do livro é onipresente em toda a escrita da poesia do autor, ao repelir qualquer signo de hierarquia.

Sergio foi escrevendo vários ensaios sobre tal linhagem da poesia moderna, que ele passou a chamar, a partir de um belo *insight* do falecido companheiro de geração Ericson Pires, tradição delirante, conceito com o qual Renato Rezende (um dos poetas da Azougue) e eu também passamos a trabalhar. Logo, a poesia de Sergio está consistentemente inserida dentro dessa vertente e contém um intenso diálogo apropriativo com ela. O primeiro sentido de poesia de pensamento em Sergio está no fato de se impregnar de uma visão muito precisa de crítico que intervém no senso comum do meio literário para abalá-lo com um tipo de poética que ele tende a não prestar atenção e a subestimar. A atividade avassaladora da editora foi um dos fatores decisivos que obrigou a crítica, de forma inédita, a levar tal vertente em consideração.

O segundo sentido da poesia de Sergio ser especificamente pensante é o fato de que esta tradição carrega um pensamento poético que prima pela expansão da consciência, pela alteração de percepção da realidade, pelo exercício do corpo e do espírito com vistas a uma relação pujante com a natureza e uma ligação inseparável com o sonho, além da abertura contracultural para novas mídias e espaços *undergrounds* que rechaça a delimitação beletrista da poesia em nichos acadêmicos e burgueses, isto é, ela é radicalmente boêmia. A tradição delirante elabora uma visão da transformação corporal e espiritual que deseja os outros mundos do mundo. Mas seus diferentes poetas e correntes podem articular essa concepção de diversas formas. Um tipo de poesia pode ser mais lírico, onírico, narrativo, teatral ou descritivo. No caso de Sergio, mesmo incluindo tais traços, trata-se de uma poesia do pensamento mesmo, inclusive com traços ensaísticos patentes.

A poesia e a literatura em geral multiplicaram diversos tipos de pensamento e é bom precisar a modalidade praticada pelo poeta da Azougue. Ela está bem distante de uma obra que reflete uma filosofia, como Rousseau ou Sartre, ou uma poesia engajada, como Brecht. Também não se assemelha a uma poesia com fortes ressonâncias num debate especulativo calcado na filosofia moderna alemã, como Hölderlin ou Celan. Essas perspectivas de pensamento literário são as quais a crítica tem se ocupado ao longo dos séculos XIX e XX. A contribuição de Sergio apresenta uma clara distinção em relação a elas: ela se dá ao indicar que existe, de fato, um pensamento psicodélico, que foi ignorado, subestimado ou muito mal compreendido dentro da crítica literária, sendo, por outro lado, extremamente influente na cultura do século XX. Sua poesia se insere nessa tradição e a desdobra a partir das necessidades contemporâneas.

2- Lábio dos Afogados (1999)

Não há outro caminho para delinear sua especificidade senão examinando-a. Na antologia, a ordem sequencial dos livros é retrocedente, do último, de 2020, até o primeiro, de 1999, mas, para burlar a regra, termina com os três últimos poemas, de 2021. Obedeçamos à ordem cronológica, nadando contra a maré da sequência invertida, para traçar o desenvolvimento do que foi feito. O título do primeiro livro vem de um verso de "garota dadá": "sob um céu da cor do lábio dos afogados". Trata-se de uma cor. A imagem não visa ser bela: salienta a violência de um percurso que passa pela cidade de São Paulo e segue pelo país, em que os dois personagens do poema, o poeta e a garota, são parte integrante do mundo, ao atravessarem "ruas estreitas", "praias" e "cachoeiras sempre reluzentes", ao mesmo tempo que se situam em "um mundo que não tem nada de nosso", que desperta sensação de "claustrofobia do horizonte". A inadequação ao mundo se expressa na angústia contraditória da paisagem. Este é o poema mais longo do primeiro livro na antologia. Ele exibe, de forma sexualmente crua, uma "garota dadá", que mais parece punk, quase como se a palavra "dadá" fosse o substituto de punk, o que faz sentido: são movimentos niilistas, desiludidos e agressivos.

No último livro, de 2020, verificamos uma possível chave para entender o quiproquó. No poema "corpo", Sergio diz que, embora sempre tenha amado "o corpo colorido dos hippies", se "identificava/ mais com o corpo violentado/ dos punks". Em outras palavras, a garota dadá é um pouco ele mesmo, naquele momento de juventude transviada, que considera, junto de Kleist, "o suicídio como uma das belas artes". Se esse poema é longo e numerado em cinco partes, "para viver aqui" é curto e numerado com seis partes e cumpre o papel oposto. "garota dadá", embora cheio de musicalidade, é lancinante, "para viver aqui" é uma delicada paisagem bucólica em que cada número é uma cena: 1) chuva que faz brilhar a cidade, 2) folhas de uma árvore ornamentando a calçada, 3) pangarés, 4) olhos e dedos da amada, 5) o "rastro azul" do vento e 6) girassol. No mesmo espírito, "por mim" repete anaforicamente a expressão do título designando o desejo de vinculação e proximidade com a pessoa desejada, em que os versos diferentemente recuados bailam na página. A amada "tem a suave permanência/ de tudo o que é volátil", como as palavras soltas na folha; seu "gesto" desvenda "um espaço/ um refúgio sempre em fuga", paradoxo de um desejo simultâneo de nomadismo e pouso que vai se repetir no desenrolar da obra. Assim como "para viver aqui", o anseio de proximidade da amada resulta na noção de abrigo, retiro, refúgio diante da hostil "claustrofobia do horizonte" de "garota dadá". Em meio desses, "memento" é um poema curtíssimo que reúne ensimesmamento, memória e simulacro.

Observa-se que há uma variação estonteante de disposições gráficas de cada poema, o que notabiliza o alto grau de consciência formal para o primeiro livro de um jovem. E, nesse sentido, "mnemo remix", último apresentado, é um feito de primeira grandeza. O título dá ideia de que se trata de "remixagem" de um primeiro "mnemo", que, contudo, se encontra no livro seguinte, *Horizonte de Eventos*. Que o remix, espécie de clone modificado, venha antes do próprio, é uma das artimanhas do rearranjo inventivo.

O poema é feito de duas colunas, A e B, que configuram poemas separados lado a lado. Entretanto, podem ser lidos sequencialmente, formando um terceiro poema, um "C" implícito. Embora a ausência de pontuação facilite a façanha, ela impressiona. A ordenação é uma "montagem de fragmentos", cada imagem que desponta é como um "fotograma antecipado", um "resíduo de futuro" "induzindo à cena". Essa consciência metalinguística da temporalidade da montagem redobra o espelhamento entre as duas partes. Há uma sequência entrelaçada das imagens: cena fílmica, árvore curvada, mormaço "predizendo chuva", "canto anterior" ou "eco primeiro" "por dentro" "de cada palavra", gesto que se desenha e apaga, "sede" "do vapor" "por uma forma". O elo entre natureza, canto, som, gesto e atmosfera deságua no fecho do final, o retorno "à imaginação", à "cortina/ da memória", em outras palavras, enaltece-se a faculdade inventiva. Sobressai uma hipótese curiosa: é a memória que desfragmenta as cenas e recompõe a fotomontagem psíquica. A edição cinematográfica se converte em alegoria implícita do funcionamento da memória. O caráter entrecortado dos versos, imagens e sintagmas cria encaixes inusitados, voluptuosos e figura a desconexão mental. A diferença entre as partes A, B e "C" se multiplica mas também se soma. Se é um poema experimental, longe de enfadar o leitor médio, fascina.

3- Horizonte de Eventos (2002)

O título do primeiro livro dialoga com o do segundo: é como se o "lábio" do leitor fosse "afogado" pelo *Horizonte de Eventos*, de 2002. Aquele que emite o brado poético se lança num lugar de alteração extrema do espaço-tempo. A ideia das fronteiras do fenômeno astrofísico do buraco negro representa um livro que pretende modificar a percepção da realidade: espaço que atrai tudo ao redor, condensa e confunde, concentrando toda a história do universo.

O poema homônimo, por sua vez, tematiza um "ser sem saudade" "porque vivia/ num mundo de instantâneos simulacros". O eu de "memento" agora dá lugar a uma saudade oposta ao simulacro: "saudade, já em si/ é um simulacro./ mas um simulacro ao avesso. ausência preenchendo espaço". Percebe-se que estamos nos primeiros momentos do que mais adiante chamarei de poema ensaístico na obra de Sergio. Por enquanto, fica clara uma meditação da saudade como preenchimento de espaço por meio da ausência no tempo, que, por sua vez, configura uma espécie de simulacro ao avesso. O ser sem saudade vive no simulacro planificado do tempo instantâneo, sem "noção de morte", "sem questões". Com o tempo, ele "foi se tornando pedra", "rocha cravada à beira do mar" com o "rosto voltado para cima/ eternamente/ se deliciando com a mutação das nuvens". O que o hipotético observador dos astrofísicos perceberia se porventura estivesse no horizonte de eventos, o ser sem saudade observa enquanto "rocha" na contemplação eterna das nuvens, isto é, uma situação espelha a outra. Nos dois casos, há um esvaziamento de humanidade em "máximo exílio" que não permite experimentar o sentimento clássico lusitano, base da poesia em língua portuguesa, pois ele viveria numa espécie de simultaneidade absoluta do tempo por toda a eternidade. Em tempos pós-modernos de simulação, saudade é um sentimento humanista do passado ou contraposição futurista à indiferença presente? De qualquer modo, é o avesso da indiferença reinante no mundo plastificado. O poema é uma vaga especulação lírica de um estado de espírito petrificado, baseado no imaginário do mergulho no buraco negro, típica de um momento histórico marcado pela entrada da dimensão virtual.

"alice", poema bem calcado na tradição psicodélica de releitura de Lewis Carrol, é feito de uma imagem precisa, perfeita e cristalina: a ondulação de "uma pedra/ arremessada no poço" é como o sonho "moldando o dia". Em tempos de simulacros, o poder do sonho não diminui: continua esculpindo a realidade com "sua turbulência". No próximo poema, "fuga para o vermelho", aparece uma ideia dileta de Sergio, que é esclarecida na entrevista presente neste livro: em vez da máxima latina *e pluribus unum*, de muitos um, lema nacional dos EUA de integração das treze colônias, ele propõe *e pluribus plus*, "de muitos, mais"; em vez da redução ao um, a multiplicação da diversidade. Aqui Sergio dialoga com Robert Bringhurst, poeta e tipógrafo canadense a quem entrevistou, que formulou *e pluribus plus* em termos de inclusão da pluralidade contra a dominação unitária. De qualquer modo, o poema não necessariamente defende a expressão latina que expõe: ele a identifica com a "pura vontade" do sangue "de liberar-se/ do pulso", isto é, uma espécie de impulso suicida. Se o poeta "gostaria de dizer/ de muitos, mais", considera a ideia excessiva e talvez agressiva, pois "todo suicida/ é um assassino tímido". Ao mesmo tempo, se o título do poema remete ao desvio para o vermelho, fenômeno astronômico de distanciamento e enfraquecimento da luz na distância cósmica (que também ocorre no horizonte de eventos do buraco negro), parece que a equivalência da expansão do universo com a pulsão de morte destrutiva cria uma espécie de vertigem sublime dolorosa. A cor do sangue é a mesma do efeito da expansão do universo; o suicida rebenta o que foi reunido em si enquanto ser existente. Desde "garota dadá", Sergio reflete sobre o tema do suicídio. O lado negro de sua poesia se contrapõe ao lado otimista e coletivo que, com o tempo, vai se fortalecer.

Além de "alice", neste livro outros poemas confirmam a habilidade de Sergio elaborar a unidade lírica a partir de uma só imagem preciosa e precisa. "pathos" é um retrato maravilhado de uma árvore em seu "rico universo de uma só cor/ e tantas dimensões pressentidas", afigurando, por si só, uma revelação visionária. Seus "cristais de orvalho" são "mônadas no ventre do tempo", sua mera presença é "catedral ao avesso, sacraliza o ao redor". O maravilhamento hipnótico com o vegetal reverbera a "coesão impessoal da matéria, a eternidade", a indistinção de consciência entre o poeta e o animal, ambos reciprocamente se observando, no poema de Leonardo Fróes "O observador observado", do livro *Chinês Com Sono*, de 2005. Ou seja, os dois poemas almejam um rompimento com as prerrogativas humanas em direção ao inumano.

A composição de "parábola da vontade" se desfere a partir da visão analógica de um raio como "árvore em negativo", que "sulca o céu com seus dedos", parábola do esforço vital de perquirição corporal e espiritual: assim como na lentidão de raízes e galhos, a velocidade do raio é um emblema das vias de acesso do impulso desejante ao seu alvo. A beleza está justamente na semelhança de temporalidades opostas de desenhos lentos e velozes, terrestres e celestes. "ofiúco" é uma instrução de conduta que remete à imagem de Asclépio, deus grego da medicina, a, cuidadosamente, segurar "a serpente", em outras palavras, como é preciso se assenhorar do corpo ao lidar com o perigo. Em alguns desses poemas há epígrafes de Michel McClure, John Cage e Jorge Mautner que só complexificam a rede intertextual das visões.

Dois poemas estão interligados pelo nome: "discurso" e "descurso". "discurso" expõe uma atividade contraditória: "tecer o fio de Ariadne" sem a "intenção/ de um dia retornar". Em outros termos, traçar um percurso não como forma de condução, mas como uma flânerie do "puro prazer/ da paisagem" que, ao que tudo indica, não é só literal, é discursiva; assinala ser uma espécie de alegoria retórica do discurso como perambulação sem planejamento, em que "ao estrangeiro/ só/ é permitido/ o esplendor". A solidão do orador itinerante, exposta no verso único "só", se permite fruir do avanço paulatino de "cada passo/ apenas eco/ do anterior". A sequência dos passos concatena a marcha que une a batida a seu eco, o anterior ao posterior e, ao mesmo tempo, só consente ao estrangeiro uma desorientação deslumbrante. O paradoxo entre encadeamento e desvio é próprio da tradição delirante e está por trás da concepção do poeta de como se dá a miríade de sentidos do discurso poético.

Discurso é uma peça oratória, conjunto ordenado de frases ditas. Vem do latim *discursus*, "discorrer sobre", que deriva do particípio discurrere. O prefixo *dis-* quer dizer "fora", e *currere*, "correr", "mover", *dis*-curso seria mover a fala pública para diante, desenrolar a performance retórica. Daí o poema "discurso" alegorizar a caminhada do estrangeiro. Contudo, o que seria *descurso*? O prefixo *des-* possui exatamente a mesma origem de *dis-* em português: o *dis-* latino.

É empregado com o mesmo sentido (separação, negação), mas pode adquirir um outro, de reforço. Se o poema "discurso" apresenta uma soltura viandante, o segundo é orientado e motivado; pode ser visto como o poema central do livro e um dos mais determinantes da obra, aquele que decreta quem é o poeta. Eis um poema em prosa cheio de definições de si: "sou um corpo", "sou a soma dos ângulos do voo de uma seta que não espera atingir seu alvo", "sou gesto, me movo, ocupo espaço", "um sistema tão complexo que subverte suas próprias leis". Tal como "discurso", o fio de Ariadne não serve para se encontrar mas para se perder, a seta não quer acertar o alvo, o sistema pretende burlar suas próprias regras. No entanto, o ambiente de harmonia das esferas trai o desejo analógico de retorno ao lar (que já vimos em *Lábio dos Afogados*): "o mundo" "é um campo magnético, mínimas cordas nos fazendo música", que solicita interação incessante. O poeta se coloca num "ponto mágico" que permite o panorama de um "mundo de trocas". O tempo é o da "arte do encontro", a terra em que se pisa é uma "mistura comovente dos três reinos. animal, vegetal, mineral" (dialogando com Francis Ponge) e a parede que se contempla apresenta "faces em relevo". A composição desenrola toda uma caracterização solene de diversos tópicos de elucidação de si mesmo até o aflorar de uma frase lampejante: "o corpo é um claustro por se romper", comprovando o desejo de fusão com o todo que, contudo, não se realiza: "estou distinto das coisas e triste. me fecho e sinto frio". No final, confirma-se ser o relato de uma viagem de ácido: "lsd, 2002".

Se o neologismo descurso talvez ressoe excurso, que significa divagação, "desvio do assunto principal", o poema contradiz a ideia: ele é a primeira grande exposição dos *insights* determinantes do pensamento do autor, que depois serão desenvolvidos: a elaboração de uma arte do encontro coletivo, o pertencimento aos três reinos da natureza como forma de sair do antropocentrismo, o fundo mágico da matéria (exterior ou corporal) e o visionarismo por trás de formas sem sentido na parede. "descurso" é um excurso pelo mundo de si mesmo, que não é diferente da infinitude da harmonia dissonante universal. Ocupa-se de si mesmo para encontrar o seu fora, o si mesmo como exterioridade corporal, pertencimento aos três reinos e abertura para o cosmos nas faces encantadoras por trás das aparências.

No livro *Horizonte de Eventos*, poemas como "da circunstância", "horizonte de eventos" e "discurso" apresentam um desejo de abandono, distensão e fluidez aérea. Os poemas "alice", "pathos" e "parábola da vontade" são calcados a partir de uma só imagem e "mnemo", junto com "descurso", são compostos concentrados de imagens e ideias.

O período de composição de *Horizonte de Eventos* corresponde ao início das atividades da editora Azougue e "descurso" testemunha esse período de ebulição das primeiras concepções que serão postas em prática ao longo dos anos seguintes. Nesse caso, a experiência alucinógena foi o horizonte de eventos psíquico que permitiu ao poeta vislumbrar as linhas de força de seu universo.

4- O Sonhador insone (2006)

O livro *O Sonhador Insone* se situa no período das primeiras dezenas de publicações da editora. Se *Lábio dos Afogados* já dispõe de uma considerável variedade formal, *Horizonte de Eventos* vai expandi-la ainda mais com *enjambements* arrojados (especialmente em "mnemo" e "pathos"), epígrafes especulativas e densas parábolas imagéticas. *O*

Sonhador Insone dá continuidade a essa ampliação por exibir mais experimentos formais, dessa vez apresentados em duas séries de poemas, dois chamados "o sonhador insone" e quatro "aproximações, encantamentos", cada um tratando de diferentes elementos naturais: chama, vento, noite e mar. Esta segunda série sedimenta o pendor especulativo e introduz o que chamarei de poema ensaístico, que discorre, poeticamente, sobre um tópico. A meu ver, não se trata simplesmente de um poema com um assunto, o modo de lidar com ele é produzindo questões e caracterizações, isto é, uma verdadeira reflexão que lida poeticamente com o substrato da coisa.

Antes de chegar nesta série, examinemos os poemas que a antecipam, também de inclinação logopaica. "liberdade" aborda essa "palavra-erotismo", "puro fetiche", a partir do desejo: "amor posto no irrestrito" e a define pelo seu oposto, "seu nome é abrigo", isto é, dialeticamente. O próximo, intitulado "poema", é nomeado no sumário mas o título não comparece nele mesmo. Os dois versos curtos em itálico propõem uma sorte de receita de composição a partir de uma inversão temporal: "fazer um poema ontem/ com o amor de amanhã". O enigma lançado é uma chave possível para se entender todo o pensamento primordialmente direcionado ao tempo na poesia de Sergio, indissociável do trabalho de memória cultural na sua atividade editorial, o que incide sobre a editoração do rearranjo contínuo de sua poesia. Por conseguinte, não é exagero considerar esse poema que se chama, pleonasticamente, "poema", o coração da *work in progress*, o centro vazio, não titulado, do livro feito de seus livros. "da visão" repete o tipo de titulação de "da circunstância", do livro anterior, assegurando, precisamente, o pendor ensaístico. O poeta se encontra no "pôr-do-sol" da paisagem carioca da Lagoa. Duas estrofes de dois versos curtos enigmáticos se alternam com duas estrofes visuais do "horizonte amplo" que retrata "o sol indo de encontro/ com a água". A ocasião contemplativa serve de ensejo para a elucubração: "as verdadeiras questões/ ainda estão por serem inventadas". O visionarismo é especulativo, busca um novo olhar pensante.

"a voz violenta" é mais um pensamento do tempo e, como "descurso", ostenta uma autodefinição, ou melhor, uma autocorporificação presentificada: "este é o meu tempo", "meu corpo/ é o corpo do meu tempo". É nele que se encontra um conjunto de palavras que serão chaves para toda uma série de livros de entrevistas com centenas de personalidades da cultura brasileira: "minhas palavras/ — saque dádiva nomadismo habitar/ traição vínculo invenção experiência —/ são as palavras do meu tempo". Tais entrevistas marcaram época nos anos 2000 e se tornaram, de fato, palavras da década, devido à antevisão visionária delas feita pelo poeta. Assim como as questões vistas em "da visão", o corpo presentificado também é sequioso de porvir: "onde conjugar futuro nelas?". A maior proeza do poema, a meu ver, está na poderosa imagem da categoria perceptiva: "o tempo é um aquário/ mergulhado em alto-mar", como se o "meu tempo", o presente, estivesse fragilmente delimitado pelo oceano de passado e futuro ao redor e, além disso, transparente a ele.

Geralmente os poemas de Sergio apresentam versos curtos (não raro com uma só palavra) e, até este livro, prepondera a extensão de uma a duas páginas. A principal série do livro, mantendo a brevidade do verso, introduz uma novidade: poemas longos a respeito de um elemento natural em que o uso ornamental de parênteses soltos figura algo como uma ondulação icônica da matéria. O primeiro, "aproximações, encantamentos: a chama" demonstra o procedimento geral da série: caracteriza analogicamente a chama por uma variedade de outras imagens, como "línguas de vidro/ de murano" e "serpente e/ arco-íris". O mesmo ocorre em "aproximações, encantamentos: o vento": "a carne do sândalo", "não pássaro/ mas voo", "um devaneio", "rio das coisas", "flor em chamas"; em "aproximações, encantamentos: a noite": "rio lamacento", "quadro negro", "o avesso de flor", "luz/ que és o avesso"; em "aproximações, encantamentos: o mar": "campo/ onde todos os seres/ são fogo", "organismo", "campo de evocações".

Estrofes curtas de um a quatro versos dançam em meio ao branco da página, sendo algumas com recuo, entre parênteses e às vezes itálico, três procedimentos de destaque para sugerir um comentário, como este de "aproximações, encantamentos: a chama", que, depois da identificação "és fruto da terra", insere quase que uma didascália teatral: "(apanhemos simplesmente/ um punhado de terra)". Tais anotações causam grande impressão e geralmente articulam uma das palavras-guias de "a voz violenta", em especial a ideia de saque: "(e como não se autoconsumir/ sem o furto do alheio?)". A meditação em torno dos elementos é extremamente fecunda e lança questões que poderíamos supor como de teor pré-socrático: "de quem furtas// a sua vida?", "de que entrelaçado/ de substâncias/ roubas/ para ser?"; em "aproximações, encantamentos: a noite": "noite/ quão fundo é seu leito?", "quem a concebeu/ ao lhe dar// um limite?". Vê-se que o poema ensaístico habita um espaço claramente intermédio entre poesia e filosofia com anseios contemplativos e extáticos, o que o avizinha de especulações místicas e gnósticas. Os parênteses soltos no meio da página sugerem algo como a ondulação da chama, do vento e do mar, ou, ao contrário de "um ser/ se revolvendo" (no caso, o mar), o puro silêncio e escuridão da noite.

Em entrevista de 2006, para Alberto Pucheu, Sergio explica o uso dos parênteses: "Vejo estes poemas como piramidais, os parênteses abrindo diferentes níveis, camadas de leituras, até chegar ao vazio, ao silêncio central dos parênteses duplos ( ). Cada poema tem seis partes, que são divididas por parênteses, criando a estrutura ((( ))). A parábola da cebola, como diria Leonardo Fróes, que se descasca até o nada central. Assim, o poema pode ser lido linearmente ou a parte 1 com a 6, a 2 com a 5, a 3 com a 4. Foi uma tentativa de trabalhar com uma leitura múltipla".

Nesta série, Sergio confirmou a centralidade da poesia de pensamento e a inseriu na tradição neoplatônica das relações alquímicas de semelhança entre as aparências da matéria. Como disse Octavio Paz, a analogia é o segredo inebriante da poesia moderna. Sergio atualizou seu potencial lírico simultaneamente melodioso, imagético e reflexivo ao equilibrar com habilidade as diferentes dimensões.

Em *O Sonhador Insone*, o poeta assumiu uma concepção otimista. Os traços sombrios e ensimesmados dos livros anteriores são diluídos em prol de uma afirmação do tempo, do corpo e da vida comum, em suma, da arte do encontro: erótico, material e social. O título "aproximações, encantamentos" é insinuante: cria oportunidades de nexos e epifanias, magnetismo e iluminação. Vê-se que a poesia de Sergio atingiu, a partir daqui, o que se pode chamar de materialismo mágico, no espírito da alquimia do verbo de Rimbaud, do abraço universal de Walt Whitman e da corporalidade mamífera de Michael McClure.

5- Poemas Atuais (2012)

Em *Poemas Atuais*, observa-se as características centrais já delineadas nos outros livros, com destaque para novos elementos de três poemas. "passatempo" é mais uma meditação sobre o tempo que retoma elementos perambulantes do poema "discurso", de *Horizonte de Eventos*: "aprendi pouco a/ pouco a errar pe/ los jogos do dia". Nele, os enjambements cortam as sílabas das palavras. Já "sumi" chega a cortar dentro da própria sílaba: "o tempo// diferença/ que/ faz/ diferença// inform/ação". Este é um exemplar único dentro da obra: com alinhamento centralizado (o que lembra Michael McClure), ele não só radicaliza os enjambements como também os versos curtos, com quase todos eles feitos de uma ou duas palavras. O nome do poema indica o desaparecimento do sujeito em favor de um pensamento sobre o espaço, sobre o modo de trânsito ("não/ por via// (direção/ traço)// mas/ campo// aberto// dest/erro"), que não deixa de ser também sobre o tempo ("qual velocidade// entre prisma/ e cataclisma// qual tempo/ necessário// para reflexão// diálogo").

O espaçamento entre as estrofes se torna praticamente um signo de abrangência, soltura, desprendimento e vale, dentro da disposição, quase como uma vírgula compositiva no ritmo da frase alongada ao se espalhar pela página. A metalinguagem da mensagem é clara: "economia//dos meios", "a inform/ação// se faz// destr/ oços". Por trás da encenação de uma linguagem em ruínas, entrevê-se uma ponderação sobre os efeitos dos tempos de internet nela, ao pesar vantagens e desvantagens. A intenção de expansão da orientação espacial aparece na repetição da palavra campo, contraposta à via: "um campo/ de experiências", "campo/ de vi/ são". Em suma, o poema testemunha os primeiros impactos da internet na percepção ao mesmo tempo em que configura um alastramento de si, que, a considerar o título, é também uma auto-aniquilação.

O poema em prosa "volteios", por sua vez, é um verdadeiro "contraprograma", para utilizar o título de um poema do livro que se torna o nome do próximo livro. Elabora uma visão das palavras-chave reveladas em "a voz violenta". Como "descurso", é um composto concentrado de toda a visão de mundo do autor que, a essas alturas, espalhou centenas de livros pelo Brasil e pelo mundo baseado nelas. Interessante constatar que as palavras se agrupam em duplas opostas e complementares: "saque dádiva", "nomadismo habitar", "traição vínculo", "invenção experiência" e "campo via". Esta última, tão presente no poema anterior investigado, é esclarecida em pares opositivos: "o conhecimento da via: ser o mesmo. trajetória./ o conhecimento do campo: ser o outro. estratégia". Percebe-se que o "contraprograma" do pensamento de Sergio apresenta um certo guia de ação, uma instrução provisória de conduta, que contém ressonâncias de sabedoria, embora negue sê-lo. Essa tensão entre orientação e desorientação é própria da poesia e crítica moderna, sistema de fragmentos de Friedrich Schlegel; sistema assistemático de Michael McClure, que, nas palavras de Sergio, "subverte suas próprias leis" ("descurso"), "interessa o que desregra e possibilita" ("volteios"). A tradição delirante não para de se extraviar de posições de autoridade enquanto, por outro lado, busca o reconhecimento de campos de ação e estratégias de condução. Em outras palavras, trata-se do que eu entendo por secularização da ascese. Não é ascese, mas pressupõe o seu legado, transfigurando-o. Foucault, a propósito de Baudelaire, caracterizou o dandismo do poeta das correspondências como "ascese indispensável".

6- Contraprograma (2016)

Ao leitor pode surpreender como o poeta conseguiu simultaneamente sedimentar as características de sua poesia de pensamento sem deixar de se transformar sempre, introduzindo, especialmente, novas modulações formais. Pois bem: embora *Contraprograma*, de 2016, seja aqui representado por apenas três poemas, eles assinalam mais uma vertiginosa transição. Pode-se considerar que o poema "monstro" é, num certo sentido, o desdobramento do ensaísmo de "aproximações, encantamentos": disserta sobre um ser deformado, imperfeito, negativo. Já que Sergio chegou ao auto-aniquilamento em "sumi", "monstro" se dá no lugar do não-eu. Se o eu precisa de estratégia para se conduzir, como vimos em "volteios", "o monstro/ é a negação/ da estratégia// — reinvenção"; se o cotidiano estabelece hábitos para "corpo e/ ato", é preciso romper "com as engrenagens/ mais íntimas" para experimentar "alguma possibilidade/ de liberdade", o que não significa nada senão "sermos/ monstros/ para nós mesmos". Entidade negativa e alteridade absoluta, o monstro faz parte da vida sem sentido, ao não fornecer resposta para nada. Se este poema remete, enquanto numerado, aos poemas do primeiro livro, "para viver aqui" e "garota dadá", comporta-se mais como o ensaísmo da série "aproximações, encantamentos", discorrendo, entretanto, sobre um ser negativo ao invés de elementos positivos, mantendo-se em suspensão apofática.

De fato, depois do sumiço do eu e da passagem sobre o não-eu, este livro introduz o primeiro poema da nova fase ensaística, geralmente narrativos e autobiográficos, mas não necessariamente. Abandonando o caráter lírico analógico, tais poemas são mais crus e objetivos. Conversam sem nenhum traço de ornamento poético com o leitor. O primeiro deles é "conversa no jardim", em que um personagem sábio aponta que por trás da paz bucólica do *locus amoenus* há lutas de vida e morte entre os seres vivos, o que não deixa de ser o fundo monstruoso da natureza.

Por último, vale destacar que o poema "estar em você como" contém uma importante variante de titulação: o título se encontra não acima, mas abaixo do corpo do texto. O poema arrola uma variedade de imagens do desejo de ligação e vínculo do poeta com a amada (o que ressoa imediatamente "por mim", do primeiro livro) e o leitor descobre facilmente que todas as frases presumem ser a continuação do título, de modo que o título é uma anáfora ausente que deve estar mentalmente presente ao leitor. Em tempos de enorme distanciamento da prática de decorar poemas, este parece indicar ao leitor que ele precisa preencher os vazios do texto para que façam sentido. Este não é simplesmente um modo de adestrar a atenção da leitura dispersa; na poesia de Sergio, a questão está sempre atrelada a uma elaboração psicodélica da própria percepção, que, neste poema, comporta-se como erotismo cósmico: o título está abaixo para que o céu e a terra de Hermes Trismegisto, o que está em cima e o que está embaixo, troquem posições e se correspondam. No uso ostensivo do como, vê-se mais um poema analógico, cuja concepção formal reflete sobre sua condição e inova.

7- Incorporar o Invento (2020)

O último livro reproduzido, *Incorporar o invento*, de 2020, segue os passos de "conversa no jardim": são poemas ensaísticos, que tratam ou da própria vida biográfica do autor (em especial "oma" e "corpo") ou são poderosos excursos poéticos sobre assuntos diletos do poeta: tempo (mais uma vez), solidão (o próprio título assume se tratar de um ensaio: "ensaio sobre a solidão"), paternidade ("dádiva") e amor ("amor no mato" e "ana"). Depois de discorrer sobre tempo, elementos naturais, aniquilar-se e atravessar o não-eu monstruoso, neste livro Sergio retoma o "simulacro do eu" dos primeiros livros já com a perspectiva da alteridade, vê-se a si mesmo como um outro. Sua farta experiência com entrevistas comparece no tipo de escrita aplicado: densas ponderações se dão numa dicção de conversa. Finalmente, Sergio apresenta um livro de poemas longos, mesmo que mantendo a marca dos versos curtos, que reúnem simplicidade estilística e densidade de pensamento.

Vimos que em "garota dadá" e "fuga para o vermelho" ocorre uma pulsão destrutiva. Nos poemas mais centrais de encontro consigo mesmo, como "descurso", "voz violenta" e "volteios", o que predomina é a base de uma perspectiva afirmativa do mundo, que se torna mais nítida nas entrevistas. Os poemas desse livro dialetizam as duas tendências. Em "oma", durante os tempos de infância, numa reunião de família, o poeta ainda menino retruca com os adultos judeus exilados da Alemanha da Segunda Guerra que se não fosse por "esse homem/ que vocês tanto falam" sua "avó/ não tinha vindo/ para aqui", isto posto, "se não fosse/ ele/ eu não existia", e conclui: "não importa/ o terror do tempo// no fim/ tudo acaba/ em vida", invertendo a ideia mais corrente de que no fim tudo acaba em morte. No poema "dádiva", ao narrar uma conversa com o pai, considera que, apesar das terríveis agruras de fazer parte de uma família de judeus alemães exilados, há uma lembrança de criança de estar no trem com sua família em que "uma mão forte e rude/ passava cachos/ de uvas" para ele (o pai), o que confirma: "saber que/ sem motivo/ ou explicação/ é possível/ algum sentido", isto é, há sentido no âmago da falta de sentido; não deriva de nada senão de dádiva. Se o pai tem um "olhar/ sobre a vida" acostumado com "a dureza do mundo", ao mesmo tempo, ele capta a "dádiva", que, vale notar, contém um anagrama de "vida".

Em "corpo", o poeta atravessa todo um inventário de graves episódios traumáticos de sua história (abuso sexual por parte de um professor, bullying na escola, vergonha de seu melhor amigo de estar com ele diante dos outros, incursão nas drogas, blitz de policiais), de modo que o conjunto foi criando um desconforto com o corpo e o fazia se sentir próximo dos punks. Depois de toda a incursão no inferno pessoal, Sergio cita um livro de memória do ícone punk Richard Hell, onde ele responde, numa entrevista, que há "muitos motivos/ para o ódio a si mesmo", mas "para transcender alguma coisa/ é preciso aceitar plenamente/ que ela existe". Só a partir daí "você inventa a si mesmo". Para Sergio, a passagem foi de uma "lucidez libertadora", pois, "se você inventa/ a si mesmo/ você ama/ a si mesmo", "e isso é totalmente positivo", o que propicia terminar o poema com o título do livro: "incorporar o invento".

Nesta significativa atitude de auto-superação fica mais clara a concepção do poeta da Azougue a respeito do corpo que, mesmo violentado, bruto e imperfeito, pode ser reelaborado por uma secularização da ascese e remodelado pela alteração perceptiva. O sentido da palavra grega *áskesis* não é outro senão atletismo espiritual. Só se pode aprimorar o espírito com exercícios do corpo, mudanças de hábito. E, modificando o espírito, muda-se o corpo: há uma implicação intrínseca de um no outro. A visão afirmativa do mundo, que se dá a partir da criação poética, é desafiada no centro dos piores traumas e não pode ser tomada como ingenuidade. Depois de aceitar o monstro de si mesmo, abre-se um mundo de possibilidades, uma invenção de si. Convém ressaltar que, ao longo da obra, observou-se a predominância de uma imagética aérea, fluída, especialmente na presença do vento. Agora, ele está incorporado no in-vento vital e torna leve os maiores fardos e pesos.

8- Três Poemas Neoconcretos (2021)

Finalmente, a antologia presenteia o leitor com *Três Poemas Neoconcretos*, de 2021, novo livro dentro deste livro (como ocorreu outrora com *Contraprograma*). Depois de tantas experimentações e transformações, o poeta apresenta mais uma, ainda mais estonteante: após recém-publicar um volume sobre poesia neoconcreta (organizado em parceria como Renato Rezende e Luiz Guilherme Ribeiro Barbosa), revigora esta tradição com textos que descrevem três objetos-poemas para serem imaginados pelo leitor. Se "mnemo remix" (com a bipartição das colunas), "aproximações, encantamento" (com o uso icônico dos parênteses) e "estar em você como" (com a anáfora mental do título) indicaram diferentes modalidades de exercício imaginativo para o leitor, agora ele se depara com poemas propositivos que exigem a participação direta da faculdade imaginativa e, ainda por cima, refletem metalinguisticamente a respeito. Os poemas ambientais querem saltar para fora da página, para fora do volume, alcançar um ambiente aberto, participar da natureza, porém, a partir do livro de poesia, mantendo com ele uma inescapável ligação umbilical.

Afinal, Sergio Cohn é o que é: um fazedor de livros.

UM POEMA PARA ESTE TEMPO (COMEÇANDO COM UM VERSO DE JODOROWSKY)

se estamos perdidos,
melhor não andarmos tão depressa
para não sermos presas
dos próprios passos
melhor o silêncio, observar
a estratégia de quem já
conhece esses espaços:
pássaros onças outros
olhares de soslaio
sabendo que alimento e que veneno
nos espera na beira desse descaminho
não há mais nenhum Virgílio
para nos guiar
mas veja: nada aqui é novo
nem mesmo o labirinto
e nunca estivemos realmente sozinhos.

OMA

as festas na casa
da minha avó
eram tristes

senhores magros
— excessivamente
magros —
com números
tatuados nos braços
falavam
com sotaque pesado
sobre destruição
e morte

eu e minha irmã
a gente entrava
pela porta
corria para o armário
da sala
onde minha avó
guardava balas
de hortelã

era nossa
brincadeira

ela fingia
que escondia
as balas
e sempre

olhava com
surpresa
quando a gente
mostrava
as mãos cheias
de pequenas
pedrinhas doces

depois
eu ficava passeando
por entre aquelas
pernas esqueléticas
e vozes em tons graves
como se
tivessem ficado
presas
em outro
tempo

a minha avó
não era triste

também era magra
muito magra
mas não tinha
nenhum número
no braço

ela tinha
o mesmo sotaque
pesado
mas a voz

era viva

contava dos
seus tempos
de juventude
das festas de noite
inteira
cheias de danças
e big bands

do namorado
um jovem físico
promissor
e dos amigos dele
de einstein
descendo a escada
de roupão
para cumprimentá-la

da sua biblioteca
guardei dois
livros:
uma antologia
de bolso
do georg trakl
pequena e delicada
em contraponto
à violência dos versos
e uma poesia completa
do gottfried benn
austera em sua
capa dura de tecido

quando estranhei
ela ler um autor
como benn
um grande poeta
mas simpatizante
da destruição
meu pai retrucou
que ela diria
que nem sempre
se pode confundir
política
com poesia

e minha avó
do seu jeito
seco
viajava o mundo
e namorava

recusou casamento
aos quase oitenta
porque dizia
que não queria
enterrar outro
marido

o pretendente
ainda estava
vivo e ativo
na época
que ela
morreu

mas talvez
ela não quisesse
mais ninguém
para perturbar
suas leituras
ou o carteado
com as
amigas

ela viveu
muito

veio de navio
para uma terra
estranha
uma língua
estranha

saiu de
uma metrópole
cosmopolita
para um sítio
sem água nem luz
no meio do nada
para ver
uma parteira
salvar a vida
de seu filho
recém-nascido
que a medicina
ocidental disse
desenganado

e eu andando
por entre aquelas
pernas magras
altas soturnas
das suas festas
me impressionava
como as vozes
graves não cessavam

talvez apenas
quando
criança
interpelei
os convivas:

"esse homem
que vocês tanto falam
não pode só ter
feito coisas assim
tão ruins
se não fosse por ele
minha avó
não tinha vindo
para aqui
meu pai nascido
aqui
e conhecido
a minha mãe
se não fosse
ele
eu não existia"

e foi no silêncio
que se fez
que percebi
que não importa
o terror do tempo

no fim
tudo acaba
em vida

DÁDIVA

um dia
meu pai comentou
que entenderia
se eu não quisesse
colocar um filho
neste mundo

eu respondi
que se pensasse assim
de que este mundo
não merece outra vida
talvez começasse
seriamente
a considerar
o suicídio

ficamos em silêncio
e nunca mais tocamos
no assunto

coloquei um filho no mundo
e meu pai o ama
e certamente é grato
a isso

meu pai
sempre teve
esse olhar
sobre a vida
e a dureza do mundo

talvez seja uma marca
de todos os sobreviventes
e exilados
do holocausto

se diverte
dizendo que a saúde
é um estado transitório
que não prenuncia
nada de bom

a vida também
nunca é triunfal

por mais livre
potente
singular
que seja

e talvez por isso
exatamente
a sua beleza

mas ele segue
sempre seguiu
lutando contra
esse olhar

se encantando
com o azul de um céu
outonal

com a singularidade
de uma nuvem

tomado por uma ideia
ou por uma dúvida

meu pai
sempre contou
a lembrança
da vez em que criança
pegou um trem
com sua família

estava sentado com seu irmão
e da poltrona da frente
uma mão forte e rude
passava cachos
de uvas
para eles

nenhuma voz
só os cachos
sendo entregues
em silêncio

aquela mão sem rosto
os presenteando
de delícias

um alento
saber que
sem motivo

ou explicação
é possível
algum sentido

o que nos faz
adiar a morte

CORPO

lembro
que depois da escola
meu melhor amigo
passava as tardes
todas comigo
mas durante as aulas
preferia me evitar

ele era loiro e forte
bom de bola
e não poderia perder
popularidade
andando com
um garoto franzino
e tímido

quando os outros
me cercavam
para uma geral
ele me dava socos
constrangidos
no braço

evitar o rosto
era uma forma
estranha
de amizade

lembro
aos onze anos

o meu professor
de flauta transversal
numa sala fechada
do conservatório

ele me sentava
no seu colo
e alisava minhas
coxas
enquanto conversava
com voz mansa
sobre música
e vida

eu gostava muito dele
com seu sorriso doce
e sua barba espessa

mas sabia
que aquilo era estranho

lembro
do dia
em que meu silêncio
introspectivo
virou charme

eu estava começando
a ouvir hendrix doors
velvet pistols
cabelo mais comprido
jeito mais largado

quando um menino
popular na escola
se aproximou de mim
e perguntou

"você é assim quieto
porque fuma maconha
não é?"

eu nunca
havia experimentado
mas respondi que sim

lembro
que então assumi
outra persona

deixei o cabelo crescer
roupas rasgadas
mudei para outra escola
mais experimental
mergulhei em maconha
álcool lsd

lembro
que comecei
a ser visado na rua

era parado por blitz
de madrugada
policiais saltavam
dos camburões da rota

com metralhadoras
e gritos
e cercavam
aquele adolescente
cabeludo e franzino
escondido
em sua jaqueta
de couro

um dia
tomei uma blitz
no muro da escola
as meninas
saindo da aula
abraçadas aos seus cadernos
conversando baixinho
e eu com as mãos no muro
e um revólver no rosto

lembro
que tomei
mais de uma vez
ovadas de playboys
nos pontos de ônibus
de madrugada

eles passavam de carro
e gritavam que
eu era um hippie sujo
ou uma bicha cabeluda

eu tinha que voltar

a pé para a casa
fedendo a ovo podre
cansado e bêbado

Lembro
que um dia
fui tomar uma cerveja
no centro
e meus amigos demoraram
para chegar

fiquei bebendo
numa barraca suja
de rua
numa esquina escura

de repente
homens bêbados
trabalhadores braçais
começaram
a me cercar
de forma estranha

não era dinheiro
que eles queriam
havia nos seus olhares
uma terrível lascívia

o dono da barraca
me pegou pelo braço
me afastou
e disse para ir embora

enquanto era tempo

com cara de preocupado
olhou para trás
e me mandou correr

ter um corpo adolescente
é um perigo

mas o tempo
foi passando
cortei o cabelo
fiquei careca

hoje sou
um homem forte
dizem que tenho
cara de bravo

de repente acordo
e descubro
que embora
as cicatrizes
sejam fundas
não tenho
mais medo

meu corpo hoje
é poder

mesmo contra
a própria vontade

é o que inspira medo
faz uma mulher
acelerar seus passos
quando viro inadvertidamente
uma esquina
para a mesma calçada deserta

é o que inspira respeito
às estâncias de cima

um respeito
que para esse corpo
é a maior ofensa

mas o que fazer?

por muito tempo
acreditei
que a liberdade do corpo
era o despojamento
de qualquer artifício

chinelos e bermuda
em reuniões de negócio
como que dizendo
que esse corpo
não iria se fantasiar
para os pactos estabelecidos

via no trato do corpo
uma tentativa de escondê-lo

mas nunca estava apaziguado

afinal
como poderia estar
confortável
com um corpo
que é violência
só por existir
como tal?

meus amigos também
não estavam

lembro
de um dia
lendo com um amigo
um poema do leonardo fróes
chegamos ao verso
"o corpo
confortável mobília"

meu amigo
com seu estranho humor
comentou
"o meu é no máximo
um banco de praça"

ri
mas quando o encontro
cada vez mais
encurvado na rua
sinto uma imensa

tristeza

sempre pensei
que só o corpo
de outros
tinha direito
de escolha

fazia parte
de uma maldição
de homem branco
que o corpo
fosse violência
e não festa

violência
aos outros
e a si mesmo

sempre admirei fróes
e sua escolha
de corpo livre no mato
assim como
sempre amei
o corpo colorido dos hippies

mas me identificava
mais com o corpo violentado
dos punks

via neles
uma negatividade do corpo

uma agressão um ódio
a si mesmo
que me contemplavam

demorei para entender
o quanto estava errado

foi só anos depois
lendo as memórias
de richard hell

o protopunk
que andava
com uma camiseta
escrita
"mate-me por favor"

numa entrevista de 1977
para o grande crítico
lester bangs
este o perguntou
"é verdade
que muito
do movimento punk
envolve um ódio
a si mesmo?"

e hell respondeu
com uma lucidez
libertadora
"existem muitos motivos
para o ódio a si mesmo

para transcender alguma coisa
é preciso aceitar plenamente
que ela existe

mas o que eu quis
foi trazer
de volta para o rock
a consciência de que
você inventa a si mesmo

foi por isso que mudei
meu nome
por isso que eu criei
todo o meu jeito
de se vestir
o corte de cabelo
tudo o mais

então
naturalmente
se você inventa
a si mesmo
você ama
a si mesmo

a ideia de inventar
a si mesmo
é criar a imagem
mais ideal que você
pode imaginar de si

e isso é totalmente positivo"

hell já sabia
o corpo performático
não à-toa
toda a relação
com o submundo trans
de então

aquilo foi um susto
libertador

perceber habitar
um corpo pleno
de possibilidades

que ser contemporâneo
ao meu corpo
não é apenas
aceitar suas transformações
com o tempo

mas pensá-lo
como evento

incorporar
o invento

ENSAIO SOBRE A SOLIDÃO

1

certa vez
quando o leo
não tinha mais
de dois
ou três anos
eu o coloquei
para dormir
e cansado
adormeci no chão
ao lado
da sua cama

no meio da noite
ele acordou
e me perguntou:

"pai
como se chama
aquele bicho?"

"que bicho?"
respondi
ainda sonolento
sem conseguir lembrar
de nenhum
que tivéssemos visto
naquele dia

"aquele pai

que a gente viu agora
com as madeiras
nas costas”

“não sei
você sonhou com ele
leo”

ele me olhou
atônito

“mas pai
então você não pode
ver meus sonhos?”

e se sentou
de pernas cruzadas
sobre a cama

ficou longamente
olhando o vazio

possivelmente
tentando entender
aquela informação
tão nova

de que havia algo
que era só dele

que ninguém mais
nem mesmo seu pai

poderia ver
ou compartilhar

foi então que percebi
que individualidade
e solidão
nascem juntas

2
foi naquele
mesmo ano

numa conversa
pública
com um antropólogo
amigo

que comentei
que estávamos caminhando
para um mundo
cada vez mais tomado
pelo virtual

e que os índios
sabem um virtual
todo próprio
e poderiam nos
ensinar muito
sobre esse novo
tempo anfíbio
seus desafios
e possibilidades

ele me respondeu
"é curioso
a metafísica dos brancos
é a da solidão

estamos sozinhos
só há um deus
ou nada

a dos índios
é a da superpopulação

eles possuem
parentesco
e portanto obrigações
com uma infinidade
de seres

plantas, animais
lugares
tanto que para
muitos índios
o paraíso
é onde não há parentes

e seus consequentes
compromissos

com a nossa nova
virtualidade
superpopulada
marcada por

tantas relações

talvez estejamos caminhando
para o inferno dos índios”

e concluiu

“marcuse dizia
que o item mais caro
do século vinte
era o silêncio
só os mais ricos
conseguiriam ter
esse direito

creio que
o item mais caro
do nosso tempo
será a desconexão”

3
michel tournier
conta a história
de quando plantou
dois abetos

a uma distância
de alguns metros
um do outro

anos depois
quando os observou

percebeu que cresceram
inclinados
cada um para o lado
oposto
como a se afastar
um do outro

a partir disso
concluiu
que as árvores
são individualistas
solitárias
egoístas

e que a floresta
com sua promiscuidade
compulsória
tem o ar saturado
de ódio vegetal

tournier estava
pensando nos gestos
evidentes

mas hoje se sabe
que não são
pelos galhos
que as árvores
se tocam
e se comunicam

mas pelas raízes

e uma sofisticada
rede de transmissão
subterrânea
de informação
bioquímica

as árvores
dialogam
e se ajudam

alimentam as jovens
avisam dos perigos

aqueles abetos
estavam apenas
buscando
o sol

4

certa manhã
naquele mesmo
ano
acordei de ressaca
e fui conversar
com um amigo
grande pensador
indígena
ele estava
hospedado
na casa
ao meu lado

ele me ofereceu
café da manhã
mas recusei
por conta
do excesso de bebida
da noite anterior

enquanto falávamos
ele me estendia
a mão
com pequenos
pedaços de pão
com queijo e
mel

eu aceitava
distraído
até perceber
que ele estava
me alimentando

com sua delicadeza
que um dia poderia fazê-lo
perder a vida
(mas não o mundo
pelo qual lutava
bravamente)

cuidando
de mim

ele falava

sobre solidão
e coletividade

sobre individualidade

"eu costumo insistir
que a invenção do indivíduo
é um presente
que recebemos
do ocidente

eu gostaria de encontrar
sujeitos coletivos
mas só encontro
indivíduos
por onde ando

a aculturação
dos sujeitos coletivos
e sua transformação
em indivíduos
é uma das máquinas
mais poderosas
de destruição
que a cultura do ocidente
trouxe
para esses povos
que sempre perceberam
a constituição
da pessoa
como um evento coletivo

uma criança não nasce
sozinha
ela é sonhada"

5

a pureza é um mito
sabemos

e como seria possível
pensar indíviduos
se nossos próprios corpos
são múltiplos?

se mesmo
em nossa singularidade
nua
somos plurais

somas de vidas
entrelaçadas?

("nossas invisíveis extensões externas
são tão amplas e complexas
como nossas visíveis extensões internas"
dizia mcclure
numa das suas 99 teses)

para além das evidências
da propagação da
individualidade
apartada

há para o olhar atento
uma rede invisível
de relações
que amalgamam
muitos de nós
de forma
não-manifesta e livre
como entes coletivos

(a poesia
é uma dessas forças
invisíveis
que criam uma teia
despercebida
neste mundo
aplacado)

não estamos
sozinhos

não podemos
estar sozinhos

mesmo em aparente
distância
somos seres
ambientais
e relacionais

como as árvores

6

hoje
meu filho
se entendeu
com a solidão

por mais que goste
de conversar
sabe que precisa
de seu silêncio

enquanto escrevo
aqui no escritório
ele lê ou sonha
em seu quarto

não precisamos
de nenhum
grande gesto

para saber
que estamos
numa vida
compartilhada

SOBRE O TEMPO

quando publiquei
meu primeiro poema
recebi apenas
uma resposta:

um livro
de um escritor
mais velho

com uma dedicatória
que dizia
que aqueles versos
eram "uma bela
surpresa do fim
dos tempos"

pouco depois
o escritor morreria
mas acredito
que não era sobre isso
que estava falando

de qualquer forma
não saberia

eu tinha 20 anos
e nada ainda
entendia
sobre fins

nos anos seguintes
o fim era sempre
notícia:

esgotamento, fronteira
extinção

mas o tempo passa
como um passatempo

de reinvenção de modos
e pensamentos

e seguimos sobrevivendo

até que num passe
uma peripécia
se faz

e tudo se renova:

os corpos, os gestos
as possibilidades

até que algo
nos descentraliza
e diz
que o mundo
é mais:

é partilha
e não partido

é indeterminância
e não destino

não há fim
porque o tempo
não é uma via

mas uma vibração
íntima
com o qual
nos relacionamos

é o choque
entre vidas

a descoberta
de outro corpo
que vem subverter
o nosso
em novo

é seu cheiro
no travesseiro
pela manhã

como lembrança
de que haverá
outro encontro

AMOR NO MATO

não
numa cama
com a neutra
suavidade
de seus objetos

uma cama
que é a anulação
do mundo
entre paredes

e nos leva ao encontro
concentrado
singular humano

o amor se faz no mato

onde somos corpos
entre corpos

vidas entre vidas
e restos de vidas

que incomodam
cheiram tocam

obrigam a busca
incessante de espaço
a adequação dos sentidos
ao tempo

o calor
o úmido de nós
em nós

no entorno
o mato

que é vário
como deve ser
o amor

que é novo
a cada instante
como deve ser
a vida

aurora das coisas

espaço
não-domesticado

onde juntos
exploramos nosso toque
nossos ritmos
nosso sexo

o conforto possível
de corpos no mundo

que se querem
e querem
o mundo

que sabem
que o amor
não é redutível

a apenas
um encontro

ANA

quando penso
em você
penso em
nicholas ray
dizendo

que a tragédia
moderna
é que não temos
mais caminho
de volta
para casa

e penso
no seu filme
“sangue sobre
a neve”

a esquimó falando
para o invasor

“quando vier
para uma
terra estranha
traga
seu amor
e não suas leis”

são os amores

que interessa
carregar

e o que aprendemos
como liberdade

— a estrada aberta
a permanente
expansão
dos territórios
a conquista —

talvez seja apenas
resquício
de outro tempo

hoje me importa
o envolvimento —

o trato sensível
de corpos
e espaços

o cultivar do tempo

hoje
maior aventura

é ter um lugar
para voltar

MONSTRO

são duas questões
como e por que
ser o monstro

2
sabe-se

toda ferramenta
é também prisão

encerra
possibilidades

3
(a ética
do alicate)

4
o monstro
é a negação
da estratégia

— reinvenção

5
somente
quando rompemos
com as engrenagens
mais íntimas

— corpo e
ato —

encontramos
alguma possibilidade
de liberdade

6
a de sermos
monstros
para nós mesmos

7
o monstro
não é definível

ou melhor
só é definível
por si

— monstro

8
o monstro
é outro

o não
possui um fantasma

9
o monstro
pertence ao tempo

é a essência
do seu tempo

— o que irá destruí-lo

10
mas o monstro
pertence
apenas a um tempo?

11
é possível
a vida
sem monstro?

12
o monstro
não tem
resposta

a concha que se agarra à pedra
contra a fúria das ondas.
o dente que se cerra na carne
dura da maçã. o azul que resta
entre nuvens, entre folhas,
a primeira luz da manhã.
o pulsar, gesto
e jenipapo, orla de fogo
no mato, mancha
no dorso da onça.

ESTAR EM VOCÊ COMO

CONVERSA NO JARDIM

“sempre que acreditei
que não havia nada
acontecendo
descobri que era eu
que estava no lugar errado”

sentamo-nos no chão
ressequido
como suas mãos
a enrolar um fumo

“veja, aqui é silêncio
mas se olharmos
com mais calma
ali no canto
há uma luta de morte
entre um besouro e as formigas.
num jardim,
assim como no mundo,
sempre tem coisas
acontecendo”

o fósforo era brasa sob brasa
tudo era brasa às duas horas
da tarde

ele fumou em silêncio,
os olhos quietos,
a boca lutando contra a secura
do arredor e de dentro

ao seu lado, observava as plantas
até me fixar numa mirrada,
no esforço
para crescer à margem
das graminhas

perguntei que erva era aquela

"não sei, nunca a vi.
nem sei se é boa ou daninha.
mas, na dúvida, melhor deixar germinar".

UM CONTRAPROGRAMA

1

esta montanha invade a cidade
e à sua margem penso
não no silêncio, na astúcia
e no exílio (que já foram
tentados a contento) mas
do lado de dentro
mesmo que impossível
extraviar-me no alheio

2

o alheio: não o outro
do morro ou o rosto
da rua, mas o que
ainda despercebido pulsa
e sobreviverá ao tempo
porque o fim disto
— desta cidade — não é
o de todas as coisas.

CICLO

entre rio e vento
a flor é um coágulo
ao amanhecer

outro tempo
é o fruto
sob a pele
fenecendo

a morte
vem de dentro
a vida
está lá fora

devora-a

e recifra.

PASSATEMPO

passa que penso
no amigo louco
e não me vejo

aprendi pouco a
pouco a errar pe
los jogos do dia

(ou a medusa,
amor, dor terrena)

o céu é um tabu
leiro de estrelas
sem metafísica

e tudo foi escul
pido pelo tempo

assim sigo resig
nado pela falta
lado a lado com
a vida

(e o que mais
se precisa?)

o amigo louco
apenas algumas
vezes volta

como uma per
gunta perdida:

o que (como
o tempo) não
teve início

acaso existiria?

OUTRO PRELÚDIO

atenção: há uma onça no jardim
por entre as cores
(ah, as cores)
em tenso engenho
de distinto alemão
um ponto de fuga
ao largo do lago
da indiferença
um sim

atenção: não é o vento
que move seus gestos
há desejo (um contratempo)
neste jardim:
repara o lento pulsar
do seu corpo
feito de sol e negra lua
a singularidade nua
de tanta beleza
e fúria

VIGÍLIA DE VÊNUS REVISITADA

ame amanhã quem jamais amou
e quem já amou ame amanhã!

eu amo! amanhã, aos primeiros raios,
quando o orvalho umedece pétalas e
lábios, fazendo-os abrir, gotas
sem lua ou deuses entrelaçam os corpos,
e o amor depõe as armas.

ame amanhã sob o púrpura sem pudor,
aos primeiros raios, lábios umedecidos
do encontro dos próprios corpos,
do passeio ao amanhecer.
o amor é belo, mesmo nu está em armas.
mas é primavera, no orvalho lua não há,
é nova, tempo de semear, e sem cautela
os corpos se abrem.

ame amanhã quem jamais amou
e quem já amou ame amanhã!

SUMI

singularidade
nua

erro

um corpo

saber
sabê-lo

um campo
de experiências

um tempo

*

qual velocidade

entre prisma
e cataclisma

qual tempo
necessário

para reflexão

diálogo

retro

aliment
ação

tecer o longo
tecido
que somos

*

entre afeto
e efeito

o tempo

diferença
que
faz
diferença

inform
ação

*

controle
repetição
controle

erro

passo
a

passo

sê-lo

não
por via

(direção
traço)

mas
campo

aberto

dest
erro

*

escrito
n'água

o nome
aviva
poesia

e
a fala

se faz
apaixo

nada

mente
livre

leve
se ex
perien
cia

*

da viscosidade:

o nanquim
n'água

qual
carcará

volteando
sentido
algum

escoa

pela
soma

dos gestos

pela

economia

dos meios

*

e num
pis
car

de olhos

a inform
ação

se faz

destr
oços

*

da viscosidade:

veloz
cidade

campo
de vi
são

a
ve
nida

perspec
tiva

*

sendo
qual
quer

escolher
nosso
tempo

VOLTEIOS

saque dádiva

existe o saque, o se apropriar do alheio. a primeira quebra, o primeiro movimento de superação. e existe a dádiva. só interessa um mundo, em seu esplendor, em seu excesso, onde oportunidades possam ser desperdiçadas.

nomadismo habitar

pertencer. tecer uma relação afetuosa com tudo. a atenção total. saber é o que permite a leveza dos caminhos. habitar é o que permite o movimento.

traição vínculo

não o tempo abstrato, mas o que nos cerca. um aquário mergulhado em alto-mar. interessa o que há de futuro nele, as questões ainda não formuladas. interessa transbordá-lo, estar além, imerso no espanto: o amor mínimo que as coisas nos doam, quando se desvelam. interessa o que desregra e possibilita.

invenção experiência

rio. o ir. fluxo de corpo passando pelas coisas. ritmo. mesmo para pássaros no ar há vias. não somos. soma. do melhor caminho (menor atrito) de repente um desvio: novas terras férteis.

campo via

o conhecimento da via: ser o mesmo. trajetória.
o conhecimento do campo: ser o outro. estratégia.

liberdade, palavra-erotismo
puro fetiche, contra-
naturam encalço
não síntese, além, alheio
amor posto no irrestrito

a canto para não temer
no momento propício
o fértil, o terrível
que seu nome é abrigo

fazer um poema ontem
com o amor de amanhã

DA VISÃO

desfazer o puzzle
e encontrar outro dentro:

não me interessa
o que esse pôr-do-sol
na lagoa me oferta
com seus passantes
o horizonte amplo
e a árvore fincada
em pleno desvão
da pedra da gávea:

as verdadeiras questões
ainda estão para ser inventadas

(mas se o olhar perco
é asa de borboleta
pura chama congelada
o sol indo de encontro
com a água)

A VOZ VIOLENTA

este é o meu tempo

o tempo é um aquário
mergulhado em alto-mar

seus limites só tangíveis
pelo toque de corpo
ideias, palavras

meu corpo
é o corpo do meu tempo

cultivado e cuidado
com as técnicas do meu tempo

minhas palavras
— saque dádiva nomadismo habitar
traição vínculo invenção experiência —
são as palavras do meu tempo

onde conjugar futuro nelas?
eu sou meu tempo

um aquário mergulhado
em alto-mar

*

esquecer meu corpo
e esquecer meu reflexo na água

APROXIMAÇÕES, ENCANTAMENTOS: A CHAMA

(

uma chama
começa a corroer
a carne do ar

suas línguas de vidro
de murano
ou líquido vitral

seu calor azul

(como alguém pode ousar dizer
que o ventre dessa mulher
não é vivo
se produz rebentos?)

chama —
serpente e
arco-íris

uma tessitura
ondulando
com a respiração

(e como não se autoconsumir
sem o furto do alheio?)

(

chama
a sua dança
ou a dos frutos
no galho da goiabeira

me indicariam
a fonte do vento?

chama
és o fruto
no galho da goiabeira

de quem furtas

a sua vida?

de que entrelaçado
de substâncias
roubas
para ser?

)

chama
polpa arenosa
da ferida -

vida

teu árido toque
na pele
tudo despertaria

chama
substância rica

bela em si
ou traduzida
em singularidades nuas

vida

(
)

chama

se se solidifica
em fruta

és úmida
ainda

és chama
és vida

(uma percepção diversa
que se tornou
estilo)

)

chama

de quem é a carne

que furtas
e renovas?

chama

és o fruto da terra

(apanhemos simplesmente
um punhado de terra)

és fruto de tudo
o que fomos

e ao que retornaremos

(mistura comovente do passado
dos três reinos)

)

chama
que leis invisíveis
de vento

a guiam?

a vejo marionete
num entrelaçado de cores:

amarela
tendendo sutilmente
à esqueda

no centro azul
quase estática

e alguns toques
um halo vermelho
aparecendo aqui e ali

chama
que sistema segues
que sistema alimentas?

)

APROXIMAÇÕES, ENCANTAMENTOS: O VENTO

(

a carne do sândalo
queimando

tatua o sol
no vento

(volutas de fumo
sonhos de galáxias
amanhecendo)

(

vento

é só pelo toque
que o percebo:

caminhos
à contraluz

dos eventos

(

vento
não pássaro
mas voo
pedra, água

fogo

solto como
o pensamento

vento

de perto
tudo se move

e não se pertence
ao todo
sem movimento

(
)

um vento é
um devaneio

é um vento

desvario
de rios
e serpentes

que se cadência
e escuta

a lenta corrosão
do invisível

)

rio das coisas
vento

flor em chamas
carne

a mente é a lua
fria e distante
se iluminando
de alheio

)

vento
o grão de sal
que todo canto
pede
para existir

leve fluir

do filtro
de nossos corpos

música

)

APROXIMAÇÕES, ENCANTAMENTOS: A NOITE

(

noite
quão fundo é seu leito?

(lâmina d'água
rio lamacento)

vejo suas estrelas
como agudas suturas
em relevo

(poeira de cores
no quadro negro)

noite
por trás do
invisível contorno

de que é feito
seu leito?

(

noite
se não houve
o assombro
de uma criação
ex nihil

quem retirou
do caos
as possibilidades

o sopro e o
precipício?

quem a concebeu
ao lhe dar

um limite?

(

noite

és como o figo
via espessa

o avesso de flor

guardando para si
as sementes

os segredos

(
)

noite
se a concebo

é como um momento
sem corpo

volume ou erro
que o definisse

mas momento
já que nos toca
e influi

feito a luz
que és o avesso

e não ausência

)

noite

não concebo
agente
ou engenho

e nem ao menos
o acaso
para mim
é solução —

insone
me perco
entre gaia ciência

(anima mundi)

e silêncio

)

noite

não substantivo
mas verbo

um estar
que só vejo

em tradução:

negra porcelana
enfeitiçada
pelo líquido bestiário

de suas constelações

)

APROXIMAÇÕES, ENCANTAMENTOS: O MAR

(

azul e vertigem

o mar
é um campo
onde todos os seres
são fogo

ou mercúrio

seu frio deslizar
queimando retinas

(

o mar
ao meio-dia

veste a pele
da cobra-grande

olhos de cipó
despreendendo
cinema:

motivos, coágulos
de luz

e tudo então

é enorme
e lento

um ser
se revolvendo

(

mar
um conhecimento
temporário
fechado em si

com sua sede
de sísifo

acumulando
nenhum musgo
na tarefa que o aprisiona

(
)

mar
nenhuma máquina
(nem o mundo o é)
mas organismo

um corpo
que se basta
admirando as coisas
sem querer tê-las

(carícia de navalha
na areia)

)

mar
campo de evocações

suas ondas
a respiração
desta pedra
que já foi fogo
gás, nada

e hoje se veste
de animal

com seus peixes
como estrelas
circundando
algo que só
à distância
é silêncio

)

ser como o mar:
alimentar a obscuridade

)

O SONHADOR INSONE I

ombros, lábios, vapor, pêssego
o favor do esquecimento

um ângulo no espelho
que subtrai do olhar
tudo que é próprio

então mergulho —

a imponderável medusa
restituindo o que pulsa
a um

(o amor como o inferno
não permite medida comum)

O SONHADOR INSONE II

ao léu e vário
abrir as portas
de par em par
e sair para as ruas

tudo é nascente
o sol pleno de setembro
traz da mão
do garoto que passa
um cheiro de fruta

e tudo agora é sorriso
contra qualquer amor
ou aviso
que se levante

(a vida já é um tempo
por demais interessante)

PASSEIO

esta é uma cidade
inabitada

em suas ruas, pela
madrugada,
todo passeio é possível:

saltar parque lage adentro
ou caminhar
à sombra dos
próprios pensamentos

no muro lá fora
um mendigo rabiscou
mandalas:

é possível encontrar
as mesmas em quase
toda cidade

construindo uma geografia
outra, íntima
uma aventura talvez
para o olhar

assim também
seu corpo para
mim:

o que se abre,

o que se reflete
em sorriso

nenhum crime, nenhum castigo

ALICE

o sonho é uma pedra
arremessada no poço

sua turbulência
moldando o dia

FUGA PARA O VERMELHO

o sangue que bate
uníssono
na pura vontade
de libertar-se
do pulso

gostaria de dizer
de muitos, mais
(e pluribus plus)
mas o mundo
sem esquadros
é excessivo

:

todo suicida
é um assassino tímido

DA CIRCUNSTÂNCIA

aqui no meu refúgio
no vigésimo andar
pego o livro do Breton
ainda marcado de vinho
daquela tarde

quando entrelençóis
nos esquecemos.
a chuva caía fina
e ao meio-dia
na praça buenos

aires cavaquinho
e grades conviviam.
abaixo, o balé ready-
made das calçadas
passa caudaloso

como a prosa
invadindo esta poesia.

HORIZONTE DE EVENTOS

saudade pertence ao
antigo léxico
Jorge Mautner

era um ser sem saudade.
o que significa o máximo exílio,
desterro.
não tinha saudade porque vivia
num mundo de instantâneos
simulacros.
a presença constante
de tudo que desejasse.
saudade, já em si,
é um simulacro.
mas um simulacro
ao avesso.
ausência preenchendo espaço.
saudade é quando a coisa
pertence ao espaço
e não ao tempo do encontro.
quando permanece mesmo partida.
não sei se era um ser feliz.
não tinha noção da morte,
a nostalgia de um tempo que não vivemos.
era um ser sem questões.
o fato é que foi se tornando pedra,
uma imensa rocha cravada à beira do mar.
o rosto voltado para cima
eternamente
se deliciando com a mutação das nuvens.

MNEMO

há um resíduo de futuro
no vento, fotograma ante-
cipado, montagem de fragmentos
induzindo à cena. como
aquela árvore se curvando com-
placente aos invisíveis pesos,
como o mormaço
predizendo chuva. repito,
há um canto anterior
a qualquer canto, uma réstia,
um eco primeiro, como um som
que ressoa por dentro de cada
palavra, como todo gesto se
desenha e apaga, então
novamente. há o revés,
o diáfano, o termo, beleza
posta e perdida, o desen-
cadeamento, assim
como a sede do vapor
por uma forma, assim
como tudo retorna
à imaginação
por trás da cortina
da memória.

PATHOS

o sopro de veneno no ouvido. o jorro
impossível assaltando os olhos. luzes
intermitentes. tantas luzes
no azul manto escuro. um passo,
então silêncio. uma árvore
se sobressai no mercúrio. o verde
de tantos matizes, a cadência
dos tons. rico universo de uma só cor
e tantas dimensões pressentidas.
uma árvore. poderia chamar-lhe
pau-ferro, *caesalpinia ferrea,*
mas é uma apenas uma árvore
à beira do caminho.
catedral ao avesso, sacraliza o ao redor.
as formas tatuadas no seu tronco,
rostos tão estranhos. uma folha cai.
é possível perceber nosso semblante
em suas nervuras, a reciprocidade
do espanto. ou sentar-se
a observar os cristais de orvalho,
mônadas no ventre do tempo.
uma árvore, convite.
nela ver o mundo,
missiva do imponderável.

PARÁBOLA DA VONTADE

a carne é uma caverna móvel
no ar sólido
Michael McClure

líquido, um raio
sulca o céu
com seus dedos

árvore em negativo
busca astu-
cioso
o melhor caminho

sendas, frestas
leito

o esforço que
nos entregamos
para aquilo
(móbile)
que chamamos de vida.

OFÍUCO

o som — bolhas na superfície
do silêncio
john cage

segure a serpente
nas palmas abertas
de suas mãos

ouça
através do silêncio
onde seu corpo
pede apoio
(canção de músculos,
fibras, vibração)

para que ela
não se volte
contra você

DISCURSO

tecer o fio de Ariadne
sem ao menos a intenção
de um dia retornar

tecer pelo exercício
narcísico
de se conhecer e doar

ir, perscrutar
para além do verde
opaco da próxima curva

sabendo cada passo
apenas eco
do anterior

ir
pelo puro prazer
da paisagem

ao estrangeiro
só
é permitido
o esplendor

DESCURSO

o mundo que se abre à minha frente é um campo magnético, mínimas cordas nos fazendo música, a soma harmonia a partir da dissonância. interagir perpétuo, oposição, movimento. sou um corpo, às vezes círculo, às vezes pirâmide.

sou a soma dos ângulos do voo de uma seta que não espera atingir seu alvo, mas mesmo assim se lança. sou gesto, me movo, ocupo espaço. um sistema tão complexo que subverte suas próprias leis. um vírus pronto para se esquecer.

do ponto mágico em que me encontro vejo um mundo de trocas. tudo que toco se projeta, me acrescenta e nega. onde começo e acabo, os companheiros: absinto na tempestade, ácido sol do sertão. observando gaviões no musgo das paredes. lendo a fúria das dunas em igrejas submersas. no tempo em que nos inventamos.

eis o meu tempo. não de negação e margem, mas de encontros. a arte do encontro. o furto. o furto do alheio. o grão de sal que todo canto pede para não se auto-consumir. a bela infidelidade.

sou visitado por um punhado de terra que roubo do chão. mistura comovente dos três reinos. animal, vegetal, mineral. três formas de vida com seus diferentes ritmos. tudo se expande como um grito.

na parede desenhada pelo tempo, na umidade criando faces em relevo, algumas gritando, algumas serenas, vejo um oráculo esquecido pelo cotidiano. no corpo um memento mori. seus lábios, tulipas que nunca cicatrizam. mar que entramos lentamente. primavera amarela.

o corpo é um claustro por se romper. para que possamos possui-lo inteiramente. estou distinto das coisas e triste. me fecho e sinto frio. nuvens sorriem e a arqueologia do ar ainda está por ser feita. me interessa tudo que se perdeu.

se me movo, sou outro. um halo violeta me chama do arbusto em frente. de perto, alvura em flor. violenta vestal em sua beleza.

lsd, 2002

PARA VIVER AQUI

1
a chuva transfigura
a cidade em brilhos
como a relva ao orvalho

2
folhas descendem
de uma única árvore
tingindo de ardor a calçada

3
pangarés sonham macios
em sonhos de milho gelado

4
amo seus olhos
seus dedos ágeis
prestidigitando meu coração

5
mas eu sei o vento
— rastro azul que se esvai —
a livre ambiguidade do seu abandono

6
um girassol se voltou à sua passagem

MEMENTO

permanece o eu
esse simulacro
frágil lacre de refrões

e a noite a pede de volta

só me interessa o que pressupõe a perda, o terror do efêmero. por isso, há um coágulo de nostalgia neste desfile presente. garis desenham os primeiros movimentos da manhã, tentam esconder quem realmente somos. mas poucos sabem, quando a nego, o quanto a suporto. há um tom alucinatório na crueldade, banquete de ouro de delícias. um tom de infância na alucinação. e ainda a possibilidade de uma última cerveja, ou do nosso veneno fermentado em vinhas imemoriais, os rumores novos.

livres
errantes
fazemos nossas escolhas
no gramado estendido
deste solstício de inverno

tudo mais falha
germinar é difícil
mais difícil permanecer intacto

GAROTA DADÁ

> *ela é um abismo de flores*
> *selvagens & escuras*
> gottfried benn

1

garota dadá no banheiro do bar
lábios corroídos de arsênico
gosto de porra na boca
duelam os elementos
entre nossos olhares
enquanto ela seca
            sob uma lâmpada
seu corpo encharcado de suor

2

irrompem ogivas de sua língua
olhos tão negros que poderiam
            refletir o dia
eu ando envolto em suas fantasias,
            seus cheiros, seus passos
por um mundo que não tem nada de nosso
por entre ruas estreitas, praias
cachoeiras sempre reluzentes
sob um céu da cor do lábio dos afogados

3

flui em vagas o ar à nossa volta
adelbarã em seu olhar

o outono em garras

dança lentamente
pássaros hipnotizados ao longe

ela fala de olhos sonados de boxeador
corroendo o horizonte
e a vida encerrada entre dois totens
de libertação
enquanto eu me sento pensando
quantos olhos olharão
seu corpo intermitente
nesse gramado sublimado em prata
pelo luar

4

voam pássaros nos vidros do carro
plana a lua
tão próxima que é possível o contato
e à sua frieza
meu hálito cria um halo

garota dadá como espasmos no ar

ela me diz
com seus olhos de um passo adiante
que tem que voltar
para ver o vento invadir as cidades

o outono transfigurado
segue seu rastro
fogo de santelmo
em seu corpo de alto-mar

5

kleist o suicídio como uma das belas artes
claustrofobia do horizonte

por mim eu ficaria para sempre ali
à sua orla
longe das ruínas
que se desconhecem
ruínas
e dançam a amarga melodia
dos motores

ali
à sombra de seu sorriso
seus olhos de naufrágio

por mim eu ficaria para sempre onde
o seu gesto me desvendasse um espaço
um refúgio sempre em fuga

por mim

mas você tem a suave permanência
de tudo o que é volátil
e novamente
a minha vida
escoa
e livre
flutua

MNEMO REMIX

A	B
há um resíduo de futuro	no vento
fotograma antecipado	montagem de fragmentos
induzindo à cena	como aquela árvore
se curvando	complacente
aos invisíveis pesos	como o mormaço
predizendo chuva	repito
há um canto anterior	a qualquer canto
uma réstia	um eco primeiro
como um som	que ressoa
por dentro	de cada palavra
como todo gesto se desenha	e apaga então novamente
há o revés	o diáfano, o termo
beleza posta e perdida	o desencadeamento
assim como a sede	do vapor
por uma forma	assim como tudo
retorna	à imaginação
por trás da cortina	da memória

TRÊS POEMAS NEOCONCRETOS

poema ambiental 1

A construção deve ser de alvenaria, com revestimento de cimento queimado, em forma de duas paredes curvas (pálpebras) que quase se tocam. A construção deve ser colocada sobre um gramado, sem teto, e impedir de olhar, de dentro, a paisagem ao redor. Nas paredes internas, dois poemas inscrustados, em branco, um de cada lado:

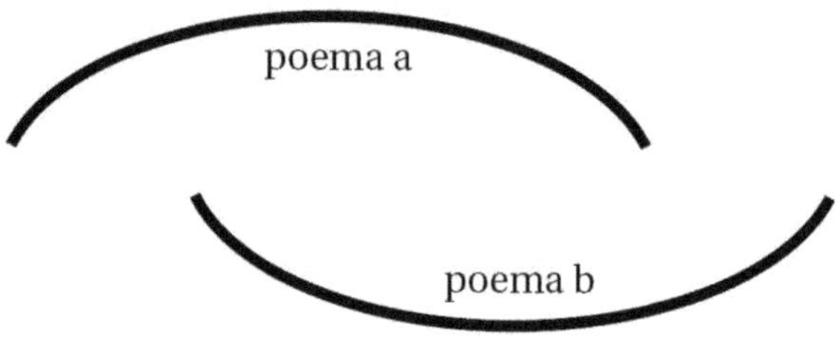

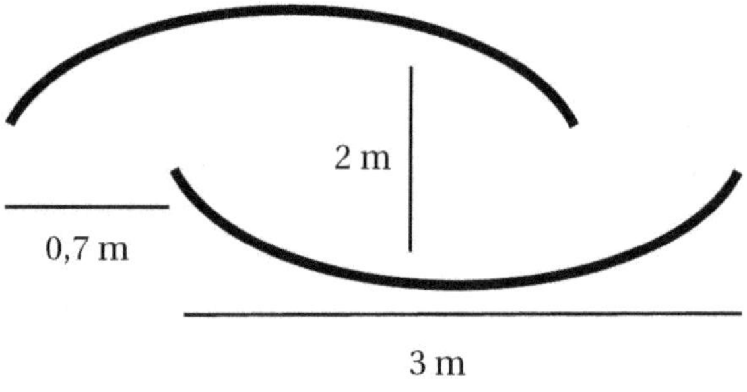

a.

para
repara

veja
reveja

as flores
estão na moita
em frente

mesmo que
ainda sem floração

cultivar o tempo
é antecipar o evento
no coração

b.

para
repara

veja
reveja

a chuva
está em cada
folha da relva

mesmo que
na sequidão

cultivar o tempo
é ter o sim
ainda no não

poema ambiental 2

A construção deve ser de alvenaria, sem teto, com revestimento de cimento queimado. Ao centro, uma coluna de dois metros de altura (a mesma das paredes), com 30 cm de diametro, com um poema oculto dentro (é necessária a existência do poema, mesmo que inacessível). O chão é de terra. Do lado de fora da coluna, está incrustado, em branco:

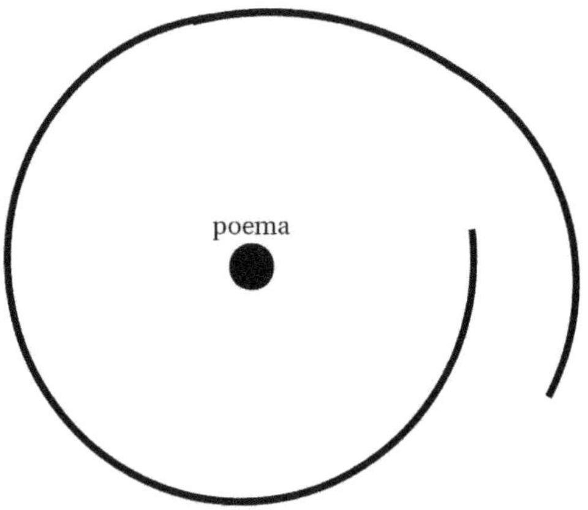

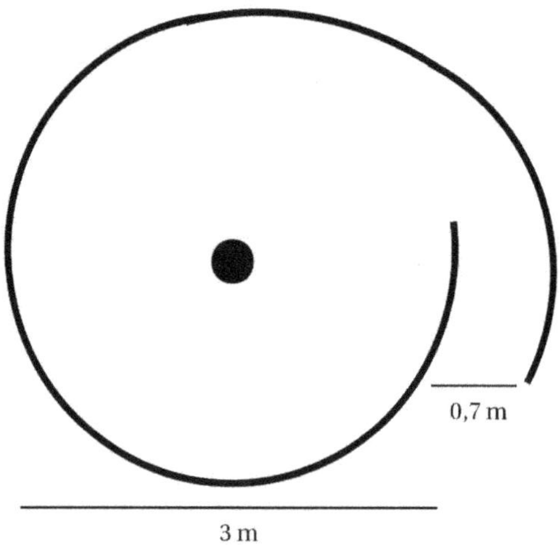

dentro desta coluna
há um poema oculto

saber que ele
existe
não o faz
pensar
como é?

imaginá-lo
não o faz
poeta?

poema ambiental 3

A construção deve ser de alvenaria, sem teto, com revestimento de cimento queimado. Ao centro, uma caixa d'água pequena (50 cm de lado). Ao lado dela, quatro vidros de diferentes cores: azul, vermelho, amarelo, verde. Ao se colocar cada vidro sobre a caixa d'água, lê-se um poema diferente, escrito no vidro em tom-sobre-tom:

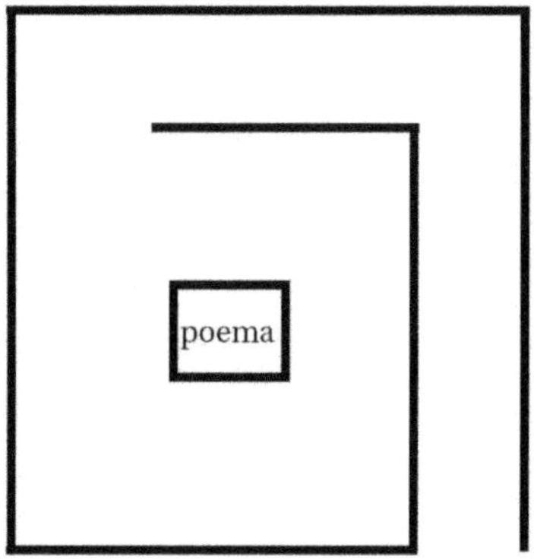

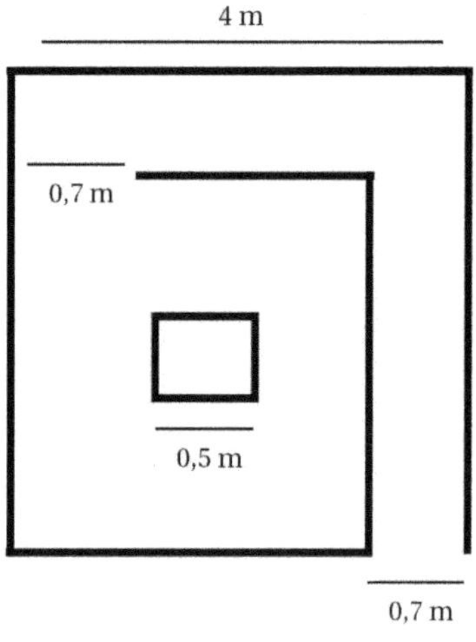

azul:
o céu azul
é uma flor
que nos engole

o mar azul
esconde em si
as maravilhas

verde:
o corpo é
uma caverna móvel
no ar sólido

vermelho:
veja a chama
corroer a madeira

ela
(como nós)
furta
para viver

amarelo:
pegue em suas mãos
um punhado de terra

a terra: mistura
maravilhosa do passado
dos três reinos:

mineral, vegetal, animal

MONTANHA GELADA REVISTADA

Han Shan, Montanha Gelada, assim se nomeou a partir do lugar em que vivia. Um louco da montanha, na antiga tradição dos eremitas, que escrevia seus poemas em pedras, árvores e paredes dos templos em torno da montanha que habitava. Quando fala da Montanha Gelada, está falando de si mesmo, da sua casa e da sua mente. Viveu durante a dinastia T'ang — tradicionalmente 627-650 d. C. Isso o tornaria contemporâneo de Tu Fu, Li Po, Wang Wei e Po Chü-i. Cerca de 300 poemas de sua autoria sobreviveram. Tive primeiro contato a eles pela belíssima tradução de Gary Snyder, depois de outros tradutores em língua inglesa. Encantado, retrabalhei essas traduções para o português, primeiro individualmente, depois em parceria com Pedro Cesarino, e finalmente, na versão aqui presente, novamente sozinho. Ou não: como a lua distante, iluminado pelo sol. A Montanha Gelada, casa e não-lugar, é também aqui. Ou, como diz Robert Bringhurst, no belo poema em homenagem a Han Shan: "Parto agora. Por favor, sem aplausos. Aqueles que sabem como viver partirão comigo, em diferentes direções".

人問寒山道
寒山路不通
夏天冰未釋
日出霧朦朧
似我何由届
與君心不同
君心若似我
還得到其中

pessoas perguntam a trilha
para Montanha Gelada.
Montanha Gelada: não há caminho certo.
no verão a neve não derrete.
o sol nascente é pela névoa encoberto.
como cheguei aqui?
meu coração não é como o de vocês.
se o coração de vocês fosse como o meu
estariam aqui sentados comigo.

登陟寒山道
寒山路不窮
溪長石磊磊
澗闊草濛濛
苔滑非關雨
松鳴不假風
誰能超世累
共坐白雲中

escalando o caminho da Montanha Gelada
da Montanha Gelada a trilha parece não ter fim.
o longo penhasco cheio de pedras e cascalhos
os largos riachos, a erva borrada de névoa.
o musgo é escorregadio, embora não haja chuva.
o pinheiro canta, embora não haja vento.
quem poderia desatar os laços do mundo
e sentar-se comigo entre as nuvem brancas?

粤自居寒山
曾經幾萬載
任運遯林泉
棲遲觀自在
巖中人不到
白雲常靉靆
細草作臥褥
青天為被蓋
快活枕石頭
天地任變改

cheguei na Montanha Gelada há muito tempo,
já me parecem anos e anos.
livremente errando, rondo os rios e florestas
e me demoro contemplando as coisas.
homens não andam assim
tão longe nas montanhas
nuvens brancas surgem e se dissipam.
gelo fino faz-se leito,
céu azul, belo lençol.
feliz com uma pedra sob a cabeça
deixo o céu e a terra seguirem por suas mudanças.

寒山多幽奇
登者皆恒懾
月照水澄澄
風吹草獵獵
凋梅雪作花
杌木雲充葉
觸雨轉鮮靈
非晴不可涉

Montanha Gelada possui
muitas maravilhas escondidas.
as pessoas que aqui vêm sempre se assustam.
quando luze a lua, a água estala clara
quando sopra o vento, a relva sussurra.
na ameixeira seca, flores de neve
no tronco morto, folhas de névoa.
ao primeiro toque da chuva tudo renasce
na estação errada, não se pode atravessar os rios.

一住寒山萬事休
更無雜念掛心頭
閑於石壁題詩句
任運還同不繫舟

uma vez na Montanha Gelada,
os problemas cessam —
não mais uma mente cansada e confusa.
indolente, rabisco poemas no penhasco,
aceitando o que vier, como um barco à deriva.

碧澗泉水清
寒山月華白
默知神自明
觀空境逾寂

a água primaveril no riacho esmeralda é límpida
a luz do luar na Montanha Gelada é branca
conhecimento silencioso — o espírito ilumina-se de si
contemple o vazio — este mundo excede a quietude

一向寒山坐
淹留三十年
昨來訪親友
大半入黃泉
漸減如殘燭
長流似逝川
今朝對孤影
不覺淚雙懸

vivi na Montanha Gelada
estes longos trinta anos.
ontem procurei por amigos e família:
mais da metade havia partido para além.
lentamente consumidos, como uma vela acesa.
sempre fluindo, como um rio que passa.
agora, de manhã, encaro minha sombra solitária:
de repente, meus olhos estão rasos d'água.

時人見寒山
各謂是風顛
貌不起人目
身唯布裘纏
我語他不會
他語我不言
為報往來者
可來向寒山

quando as pessoas se encontram comigo
todas dizem que sou louco
e não valho muito
vestido com meus trapos.
elas não entendem o que digo
e eu não falo a língua delas.
tudo o que posso dizer para quem encontro:
"tente algum dia a Montanha Gelada".

ENTREVISTA COM SERGIO COHN

por Ana Paula Simonaci

Jardim Botânico, fevereiro-maio de 2021

Por que fazer poesia hoje?

A poesia sempre foi necessária e de alguma forma me parece ser constituinte fundamental da humanidade. Talvez, o que nos torne humanos seja exatamente a poesia, essa percepção profunda de que existem outras formas de olhar e expressar o mundo, de que há no mundo mais do que o que nos foi previamente dado. Essa desnaturalização da linguagem e dos sentidos. E eu tenho a convicção de que a poesia é a linguagem do futuro.

A poesia tem uma série de características que acredito que serão fundamentais para os novos momentos da humanidade. A primeira delas é a capacidade sintética de transmissão de informação. Louis Armstrong dizia que o jazz é a economia de meios, podemos dizer o mesmo da poesia. É claro que a poesia não tem a obrigação de ser sintética. Pelo contrário, faz parte de sua total liberdade a possibilidade de ser caudalosa ou mesmo redundante, de trabalhar com diferentes tempos e respirações. Mas a poesia tem a capacidade de transmitir informações complexas com poucos códigos. É impressionante a eficiência da linguagem poética — o que é, novamente, uma potencialidade e não uma obrigação. Com dizia Leminski, a poesia é um inutilitário. Não tem nenhuma função exata. O que não impede que possa ter papel fundamental nas sociedades por vir.

Em segundo lugar, a poesia é uma forma mais aberta, mais democrática, mais plural de se trocar informação. Isso porque a poesia não busca o convencimento, a colonização do pensamento alheio, mas a constituição de uma experiência compartilhável. E é a partir dessa experiência compartilhável que se transmite as ideias. Esse ponto é fundamental, porque a sociedade ocidental se constituiu a partir de padrões muito bélicos de pensamento. Convencer é dominar. É, de uma pluralidade de ideias, reduzir a uma. "E pluribus unum", o lema latino. Pois bem, em nosso devir-índio, em nossa constituição de novas formas de sociabilidade e troca com o meio que permitam a nossa sobrevivência enquanto espécie em longo prazo, esse tipo de pensamento terá que ser substituído por outro, mais capaz de lidar com a multiplicidade de vidas e experiências. Capaz de substituir o lema latino pelo seu oposto, "e pluribus plus": de muitos, mais. E a poesia pode exercer um papel estrutural nisso.

Em terceiro lugar, entra a incrível formulação de Isadore Ducasse, o Conde de Lautreamónt, realizada ainda em plenos tempos de Comuna de Paris: "A poesia deve ser feita por todos, não por um". Acesso a ferramentas. A poesia é subversão da linguagem e é uma atividade profundamente desalienante. Para se ler poesia, para se usufruir da poesia, é preciso de alguma forma também ser poeta. A poesia demanda um leitor muito ativo, capaz de lidar com suas complexidades, de se envolver nos jogos intrínsecos de linguagem que a constituem. Não à-toa, todos os leitores costumazes de poesia que eu conheci de que alguma maneira também exerciam a poesia — seja como autores (mesmo que apenas no campo privado), tradutores, críticos, editores. E aqui, quando digo acesso a ferramentas, é também acesso à invenção, à construção das próprias ferramentas. Como diz Audre Lorde, não se pode desconstruir a casa do seu mestre com as mesmas ferramentas dele. E a poesia só se concretiza quando um ato realizado coletivamente, não isolado. Isto é um bem maior: se a pessoa se torna capaz não apenas de compreender, mas de subverter estruturas linguísticas, ela é capaz de lidar de forma ativa com as diversas questões complexas que criam a nossa realidade.

Essas três características — a eficiência de transmissão de informação, a abertura ao outro e o acesso a ferramentas — são valores maiores para o mundo por vir. Se eu pudesse legar ao meu filho apenas um saber, escolheria a poesia.

Mas como atrair as novas gerações para a leitura de livros de poesia?

Essa é uma questão complexa, porque a forma que a poesia chega às pessoas é constituinte exatamente da sua potência diferencial. A poesia possui uma ética vegetal, não animal. Explico: os animais normalmente se movem ao que necessitam, sexo ou alimento. Agem, de certa forma, como a música, que vem até nós: é uma invasão. O som invade o ambiente como um besouro, toma aquele ambiente para si. A imagem, embora seja direcional, ao contrário do som e do cheiro, que são ambientais e nos envolvem, ainda é uma invasão. De certa forma, não podemos nos abster dela. Essa é uma ética animal.

Já o vegetal precisa trazer para si o alimento, o sexo. Atrair. Precisa seduzir outros corpos para que eles cumpram essa função do encontro. Por isso os fanerógamos, os cheiros, as cores. A expectação. É uma outra ética, é uma outra forma de lidar com o entorno. Não exatamente melhor, mas diferente. E é a ética de um livro: ele precisa ser aberto para ser lido, precisa de uma relação ativa do outro. Por isso, livros precisam, assim como os vegetais, serem objetos muito pacientes, capazes de lidar com outros tempos e com outras economias. E atrair, criar pequenas armadilhas que permitam que os encontros se concretizem.

Repito: não é uma ética melhor em si. Como lembra o Emanuelle Coccia, a soja, por exemplo, se utilizou do homem para colonizar continentes. Existem poucos seres vivos mais nocivos que a soja. O ser humano, é claro, é *hours concours*. Mas é uma ética importante, novamente, para o mundo por vir: criar formas menos invasivas de comunicação, que lidem com a capacidade alheia de escolhas, de desejos. Que lidem com os tempos alheios e não fiquem sujeitas às urgências de mercado.

A sua concepção de poesia parece estar muito envolvida por um pensamento. No caso específico da sua poesia, qual o pensamento que a move?

Realmente, considero que poesia e pensamento estão intimamente interligados. Essa é uma ideia contraintuitiva para a maioria das pessoas, que tende a relacionar poesia com sentimentos. Mas a poesia não apenas é fruto de pensamento, mas é um importante instrumento para se criar *statements*, para elaborar e comunicar conceitos. E é importante ressaltar que a poesia nunca é neutra, ingênua ou desideologizada. Ela está em relação com a concepções de mundo que movem as pessoas. Não existe a poesia em si, a torre de marfim, aquele mito de distanciamento tão cultivado por alguns autores, na maioria dos casos conservadores.

Alguma vezes converso com os meus amigos sobre os diferentes instrumentais que as pessoas utilizam para interpretar e interagir com o mundo. Alguns são mais clássicos de um pensamento politico-acadêmico. Tenho amigos, por exemplo, que dizem que o seu pensamento se baseia no marxismo, no materialismo dialético. Outros se aproximam de um pensamento religioso. No meu caso, creio que é a psicodelia que molda de forma mais profunda a minha visão do mundo. É a partir dela que se desenvolve o meu pensamento e as minhas ações.

Certamente, isso também soa estranho para a maior parte das pessoa. Há ainda muito preconceito em torno da ideia de psicodelia, e talvez o principal deles seja a impressão bastante generalizada de que a psicodelia não forma um sistema de pensamento. Para muita gente, a psicodelia não é um instrumental válido de interpretação do mundo. Assim como a poesia, a psicodelia parece envolta em ingenuidades e delírios. Mas considero isso um erro.

Há essa ideia vigente de que a arte psicodélica seria mais "naïf" do que outras formas de manifestação artística. Assim como de que a intervenção política em torno da psicodelia seria menos consistente do que a marxista ou liberal, por exemplo. É um distorção nascida de uma má-interpretação do termo "contracultura". Contra-cultura não é ser contra a cultura em si, mas ser contra a cultura vigente. E é um termo realmente complicado: o certo seria outra-cultura. Não é apenas uma reação, mas uma proposição. O "contra", o "não", trazem sempre um fantasma em si, do "sim". O "outro" está deslocado dessa estrutura binária, é mais plural. E, ao contrário do que se quis afirmar, a psicodelia e a contracultura não possuem um ódio ao racional, ao pensamento, mas apenas a percepção de que o racional, tal como conhecemos, não traz todas as dimensões e respostas necessárias, e que portanto é preciso "expandir o território da consciência" (como declarou Allen Ginsberg).

A psicodelia tem outra diferença fundamental: o meu mestre Roberto Piva costumava dizer que era adepto do xamanismo porque é uma religião baseada na poesia e não na teologia. Eu poderia dizer que a psicodelia é uma interpretação de mundo baseada na poesia e não na política. Política pensada num sentido amplo, que engloba fatores econômicos e sociais. O marxismo, e mesmo o anarquismo, para ficar em outras interpretações que pensam a transformação profunda do mundo, são baseados na política, nos tratos entre poderes sociais e individuais. Já a psicodelia parte de um princípio diverso, de que a consciência não é um elemento dado, pronto, e que portanto pode ser alterada. De que o estado que consideramos normal de consciência em nossa sociedade é um constructo artificial que não tem, a princípio, maior valor do que outros estados de consciência.

O surrealismo já queria, em sua formulação, unir o "mudar o mundo" de Marx com o "transformar a vida", de Rimbaud. A psicodelia deve muito ao surrealismo, mas acredito que o aprofunda em algumas das questões. É a percepção de que a nossa consciência e os nossos sentidos são o ponto básico de transformação. "Um novo mundo é apenas um novo olhar", como dizia William Carlos Williams. A arte psicodélica se relaciona profundamente com isso, porque o que está em jogo na psicodelia é a capacidade de se alterar a consciência através de técnicas de êxtase, sejam arcaicas ou contemporâneas.

A arte psicodélica é uma técnica do êxtase. E a prova da autonomia da arte é que é possível se alterar a consciência através da fruição dessas manifestações artística, sem ser necessário o uso de substâncias alucinógenas. Embora nada contra quem quiser tomá-las, por saber ou diversão. Qualquer um que se deixou envolver pelo *Piper at the Gates of Dawn*, do Pink Floyd, *Anthem of the Sun*, do Grateful Dead, ou por poema de Roberto Piva ou Allen Ginsberg, sabe que é possível atingir estados alterados de consciência a partir disso.

A psicodelia e a contracultura trazem em si uma ideia de comunidade, e você já disse que a poesia é "a linguagem não-comunitária". Como pensa essa contradição?

Eu fiz essa afirmação no sentido de que a poesia possui essa capacidade ativa de lidar de forma aberta com uma realidade não pré-fixada, comum. Essa afirmação está em um verso de um poema de minha autoria chamado "Baldio". Gosto do conceito de baldio, que não é o território comum, pertencente a todos, mas o território desocupado. Ou seja, ele não pertence a todos, ele não pertence a ninguém. É um território livre, onde as relações não estão estabelecidas, precisam ser constituídas no encontro. Eu considero a poesia uma espécie de terreno baldio, exatamente por isso.

A poesia tem essa característica de estranhamento, de desterro. Eu gosto muito da formulação do Charles Bernstein, o poeta norte-americano da *l-a-n-g-u-a-g-e poetry*, que diz que normalmente as pessoas pensam a poesia como uma arte do bem-falar, da capacidade de se expressar com beleza e eloquência. E que, na verdade, a poesia é o contrário, é fruto de um profundo estranhamento com a expressão. Quem fala bem é o retórico, é o político. O poeta tem um íntimo embate com as palavras. Bernstein diz que virou poeta por ser disléxico, o que evidenciou para ele que a linguagem não era algo natural. Eu concordo, até por minhas dificuldades pessoais em comunicação. A minha fala é confusa, rápida, engolindo sílabas, e portanto sempre vi a comunicação como um desafio. Esse desterrar da poesia pode ser muito positivo na formulação de propostas abertas de comunidade.

Eu acredito que a comunidade será poética ou será fascista. A questão em torno da comunidade é que ela normalmente está baseada em identificação e exclusão, o que a leva a um alto risco de se tornar autoritária e fechada em si. A comunidade se vê como a possibilidade de restauração de uma unidade perdida, então tende a excluir o que é diverso. Acredito que a forma de superar isso é pensar uma comunidade com base poética, o que permite aceitar o outro, o novo. Uma comunidade não baseada na palavra fixa da lei, mas na palavra cambiante da poesia. E, assim, conseguir unir o nomadismo e o habitar. Como já dizia Edgar Allan Poe, o que gera a poesia é a combinação de identidade e diferença. E, para isso, é preciso que a comunidade seja um sistema complexo, que não perca a sua estrutura ao absorver informações novas. Um sistema simples precisa se preservar, um sistema complexo pode se permitir a mudança."O que não muda é o desejo de mudar", como dizia Charles Olson.

Quando era adolescente, estava uma tarde em casa, ouvindo Syd Barrett no volume máximo e andando em círculos na sala, como um tigre enjaulado, como costumava fazer após fumar um baseado, quando de repente compreendi: eu era anarquista, não porque acreditava numa concretização do anarquismo, de um sistema que permitisse a plena liberdade individual, mas exatamente porque via a anarquia como um norte impossível, um caminho permanente em direção de. A Córdoba de Lorca, distante e só: por mais que saibamos os caminhos, jamais chegaremos lá. E essa revolução permanente do anarquismo me interessa até hoje.

Hakim Bey propõe a revolta no lugar da revolução, porque a revolta é um levante que permanece potente em sua efemeridade, enquanto a revolução sempre se trai ao se consolidar como sistema. Mas creio que há um erro nisso, porque ele está concebendo a revolução como um evento e não como um processo. A revolução que me interessa é um processo permanente de mudança, de subversão interna, de se direcionar a um fim que está sempre além.

Existe a ideia ancestral, pré-socrática, de que a vida é ação e não descanso. Concordo plenamente com essa concepção. A revolução também: o movimento de ontem não vale para hoje e o de hoje já não valerá amanhã. Caetano Veloso conta que, conversando com o designer tropicalista Rogério Duarte, este lhe disse que "cada geração tem o seu apocalipse". Parou um segundo e então se corrigiu: "Cada instante tem o seu apocalipse". Da mesma forma, está escrito naquele velho livro que toda geração tem que reconquistar sua liberdade. Na verdade, a cada instante é preciso reconquistar a liberdade. A liberdade é um esforço constante.

E a única forma que acredito que seja possível de se lidar com isso é através da poesia, um dispositivo essencialmente aberto de trato com o mundo, através dos próprios sentidos. Por isso, reitero: a comunidade será poética ou será fascista.

Como você vê essa relação entre poesia e política?

A poesia, como qualquer atividade humana, não pode se furtar da política. Somos animais sociais e a poesia é também um dispositivo relacional. O que importa é pensar como a poesia pode atuar politicamente. Pessoalmente, considero que a poesia é uma força política ao se furtar dos jogos de poder. É um não-poder. Quando a poesia se enreda nos jogos de poder, na política institucional, nos jogos partidários, seja para qualquer lado, ela corre o alto risco de perder sua potência de transformação e virar panfleto.

Aqui, novamente, eu incorporo a minha influência da contracultura. Tenho a convicção que as maiores contribuições do último século nas agendas políticas foram realizadas fora do poder, e não no poder. Foram realizadas, na maioria das vezes, contra o poder. Foram agendas da sociedade, como a ecologia, a diversidade social, cultural e biológica, a luta pelos direitos indígenas, dos negros, LGBTQIA+ (adoro esse QI a mais), as questões comportamentais e corporais, a legalização de substâncias alteradoras da consciência, que se tornaram tão fortes na sociedade que foram aos poucos contagiando as esferas de poder. A partir de um momento, o poder político teve de alguma forma de tratar dessas pautas. Mas elas surgiram livres. Não foi a partir de governos que estas questões conseguiram se impor, mas de profundas movimentações da sociedade, realizadas de forma autônoma.

A poesia tem uma função importantíssima nesse sentido. Seja escrita, oral ou cantada. Muitas vezes, foram os poetas que conseguiram levar essas bandeiras de forma mais abrangente para a sociedade, traduzir essas propostas da forma mais eficiente para um público mais amplo. Sem Allen Ginsberg, sem Gary Snyder, sem Bob Dylan, sem Beatles, sem Caetano Veloso, Gilberto Gil e Rita Lee, a sociedade não teria avançado tanto nas suas pautas nos últimos 50 e poucos anos. É uma luta ainda em vigência, até porque as mudanças são lentas e a reação da parcela conservadora da sociedade é dura e algumas vezes violenta. Mas a poesia teve um papel fundamental em difundir essas questões, que vinham de momentos anteriores, mas que possuem um importante marco em Maio de 68. Um marco divisório de uma mudança de consciência coletiva no mundo.

Nos últimos anos, a poesia brasileira se viu impregnada de política. Em junho de 2013, quando aconteceram os levantes e depois as grandes manifestações, a poesia esteve muito presente. E isso acabou impulsionando uma aproximação de poesia e política, através, de um lado, da militância identitária, e de outro da resistência política institucional. No segundo caso, uma vertente da poesia acabou se aproximando perigosamente das esferas de poder, defendendo um governo. Essa aproximação com o poder estabelecido trouxe uma série de questões, mas a principal delas foi um esvaziamento das potências políticas que estavam surgindo na poesia da época.

Se, na minha concepção, a finalidade da poesia em relação à política está relacionada a uma certa alteridade, a um não-poder, o fim da poesia política é exatamente essa aproximação com o poder, seja qual for o seu matiz. O meu questionamento sobre a força singular da poesia no trato político é se é possível um poema a favor do poder. Considero que não. O poema, assim como o humor, é uma forma de alteridade ou contraposição. Um poema a favor, assim como o humor, corre o grande risco de se tornar apenas peça publicitária. Um panfleto. O que já aconteceu algumas vezes na nossa história moderna e contemporânea. E um panfleto é exatamente a perda da complexidade formal e informacional da poesia. A perda da força tansformadora da poesia.

Mas talvez o mais relevante sobre esta questão não esteja no conteúdo, mas na forma: creio que a poesia pode ser uma grande contribuição para a política na sua própria estrutura, ao possiblitar o compartilhamento de experiências e a palavra cambiante, conforme já dito, no lugar do peso da retórica política atual. Ou, ainda mais, no lugar da narrativa, que pressupõe a construção de uma versão hegemônica da realidade. Como diz Alberto Pucheu, é hora de substituir a narrativa pela poesia no pensamento político.

Então, posso dizer que considero o poema uma importantíssima forma de exercício da política, autônoma e livre, mas que precisamos estar sempre atentos para o risco da política raptar a poesia de tal forma que anule a sua potência diferencial e a transforme, de alguma forma, num instrumento de manutenção de poderes.

Então a poesia nem sempre é revolucionária?

Não. Pelo contrário, a poesia pode ser também, como eu disse, um instrumento de manutenção de poder. Se você acompanha a história da poesia brasileira, ela por muito tempo circulou em volta das estruturas de poder: começa na Bahia, então capital, segue para Minas Gerais, na época do ouro, vai para o Rio de Janeiro, nova capital, e desce para São Paulo, quando a cidade se torna o centro financeiro. É claro que a poesia que estava mais perto desses centros econômicos e de poder teve mais capacidade de permanecer, por ter mais acesso aos meios de reprodução. Mas é um trajeto interessante, que mostra ao menos uma relação perigosa, explicitada na poesia do período colonial, que se iniciou como uma forma de propaganda desse Novo Mundo de terras férteis e saborosos frutos, para conquistar mão-de-obra.

Soma-se a isso a importância da literatura culta no Brasil colonial, na imposição do português como língua dominante no Brasil, em lugar da "língua geral" (designação dada ao idioma tupi, depois que este recebeu disciplina gramatical pelos jesuítas e se tornou o principal veículo de comunicação entre os colonizadores e os indígenas) espalhada por muitos pontos do nosso território. Assim, a literatura daquele período não possuía uma função de liberdade, mas de imposição cultural. E para isso abraçava a tradição portuguesa, na forma e no conteúdo.

A própria origem da poesia como conhecemos tem a ver com um salto da humanidade, que pessoalmente considero no mínimo complicado, do nomadismo para a agricultura. O verso do arado nomeia a estrutura poética. E a métrica e a rima são dispositivos mnemônicos, de capacidade de permanência e reprodução de um texto em suporte oral. Certa vez, o poeta concreto Décio Pignatari disse que o verso é pré-histórico. Considero o contrário: o verso é o começo da história humana, é a primeira estrutura de preservação de uma memória comum para formatação de sociedades complexas. E isso não é necessariamente positivo. Muito provavelmente, o mundo seria melhor e mais plural se a humanidade tivesse se mantido como pequenos bandos nômades de caçadores e coletores.

Com o verso, o corte do arado na terra, a poesia deixa de ser um campo para ser uma via. É uma ruptura da percepção humana. Em uma sociedade nômade, de caça e coleta, a paisagem é um campo multidimensional, com todos os acidentes de terreno, com a sua flora, com os sentidos precisando captar, entender e memorizar diferentes informações para se localizar e locomover. Em uma sociedade agrícola, a paisagem vai se tornando uma via, uma linha reta. Um caminho para destinos pré-determinados: a plantação, o celeiro, o poço de água. E começamos a perder o sentimento do mundo como um campo. Os trajetos começam a substituir as estratégias. A poesia reproduz essa ruptura.

Com a escrita, e especialmente com a popularização dos dispositivos de reprodução, como a prensa, o livro e o meio digital, a poesia se libertou da sua função mnemônica. Mas mesmo assim ela mantém, em sua majoritária produção, a estrutura do verso. Pensar a poesia em campo é algo que já ocorreu em diferentes momentos desde o modernismo, mas ainda não é algo que se resolveu a ponto de gerar uma mudança real, que certamente colocaria a poesia novamente como uma arte revolucionária da nossa concepção de mundo. Ou seja: uma poesia vista como campo, não como via, disposta em constelações na página ou no mundo, pode ser uma mudança estrutural na nossa percepção de mundo, tão restrita a certas funcionalidades.

Nós falamos de poesia e pensamento, de poesia e olhar. E poesia e corpo? Você pensa essa relação?

Penso muito. É uma questão muito interessante. De todas as linguagens artísticas, talvez a poesia seja a que, de modo geral, é vista como mais apartada do corpo. E considero um erro. Não apenas a poesia expandida, para além da página, a poesia performática, possui diálogo com o corpo. A própria poesia escrita pode influir no corpo, tanto do autor como do leitor. Através de sons, de respiração, daquelas técnicas do êxtase que falei no início. Um poema como o *Ghost Tantras*, do Michael McClure, com seus fonemas não-semantizados reproduzindo sons de felinos na busca de uma poesia mamífera, é um poderoso instrumento de transformação. Assim como os gritos de Antonin Artaud estampados no papel.

Cito aqui novamente Olson: a poesia é energia transportada para o papel para ser libertada pelo leitor. Neste sentido, tenho gostado cada vez mais de pensar a poesia como partitura. Pensar o texto como algo que pode ser transposto, performado, incorporado. Pensar o poema como ritmo, respiração, ênfase, pausa. É algo que trabalhamos juntos, acredito que de forma muito instigante, no seu belo livro *Voo*. Um poema que ensina ao corpo diferentes formas de se sentir, de atuar, de existir. Que o transforma, não apenas através dos sentidos, mas também do gesto.

E há também a possibilidade pouco trabalhada da poesia ambiental, da poesia espacial, em campo expandido, que incorpora o movimento, os cheiros, os toques. É algo que no Brasil foi esboçado pela poesia neoconcreta, em obras como o *Poema Integral* de Reynaldo Jardim, e o *Poema Enterrado*, de Ferreira Gullar, partes integrantes do Projeto Cães de Caça, e os poemas do penetrável *Tropicália*, de Roberta Salgado, todos realizados em parceria com o artista visual Hélio

Oiticica. Infelizmente, essa experiência de poesia ambiental, que é extremamente promissora, ficou restrita em poucas experiências, marcadamente na década de 1960. Existe ainda muito o que se fazer nessa área.

Em maio de 2021, sob a forte influência do trabalho de elaboração da antologia de textos de época sobre a poesia neoconcreta, para um volume da coleção Cadernos de Poesia, que organizei em parceria com Renato Rezendo e Luiz Guilherme Ribeiro Barbosa, acordei no meio de uma noite com três poemas ambientais na cabeça. Percebendo que havia ali alguma resolução para as minhas questões sobre esse tema, anotei os poemas, com o desenho das construções, antes de dormir novamente. Ao levantar, pela manhã, percebi que os poemas eram válidos, tanto que os inclui na presente antologia. Importante ressaltar que sonhar um poema não significa uma inspiração *ex nihil*, mas a síntese, realizada durante o descanso, de demoradas reflexões acerca da questão colocada.

E o que fazia os poemas válidos? Uma resolução positiva entre o trabalho verbal e o trabalho visual, não sendo a construção ambiental apenas um artíficio, mas parte integrante do sentido do poema. Ou seja, não havendo gratuidade em expandir o campo do poema para o espaço. Eu já trazia há tempos a vontade em trabalhar a poesia para além do papel, mas sempre mal-sucedida, especialmente por perceber que havia uma artificialidade na constituição total do poema.

Já nestes três casos, a própria poesia demandava a relação espacial, assim como a participação do leitor. Esta é outra demanda da poesia neoconcreta que ganha interesse nos tempos atuais: o leitor não como um espectador, mas um participante da obra, através do uso do corpo, do gesto, e da criação aberta e coletiva.

De qualquer forma, o ponto mais importante em torno dessa questão é que pensar o corpo na poesia não obriga a abrir mão dos seus suportes tradicionais, como o livro. Mas também mostra que a poesia não precisa ficar presa a esses suportes. São experiências que me interessam cada vez mais.

Estamos vivendo uma pandemia. Como fica essa questão do corpo num momento de isolamento e morte?

Essa é uma questão muito importante. Tenho pensado muito nela, o que tem me direcionado para o trabalho de outra artista neoconcreta, a Lygia Clark, e a ideia da arte como cura. Durante este tempo de pandemia, o corpo foi trazido para o centro das atenções pelas suas ausências: a morte física e simbólica. Não apenas existem aqueles que efetivamente adoeceram e sucumbiram, mas mesmo os sobreviventes tiveram os seus corpos anulados em muitas dimensões. Estamos percebendo que a virtualidade, a ambiguidade desse "contato distante" do meio digital, que era um tipo de Graal dos últimos tempos, não resolve a questão da humanidade. Precisamos de corpo, precisamos de presença, precisamos de sentidos.

Estamos vivendo um tempo de violência. Violência física, violência política, violência nas relações interpessoais ditadas pelas redes (anti)sociais. De alguma forma, precisamos conseguir propor outras vias, que passem pela delicadeza e por um tempo mais alongado de relação. Nem toda ação precisa de imediata reação para ser efetiva. E isto leva a questões: de certa forma, a modernidade realizou um trabalho de ruptura, de quebra de padrões, e para isso se utilizou muitas vezes da violência. No caso do erotismo, há na tradição moderna, que passa por Sade, Bataille e chega até uma Hilda Hilst e um Roberto Piva, que se liga à morte, à violência, à crueldade. É um erotismo maldito, que busca quebrar com os padrões dos "homens de bem" que regiam a sociedade da época.

Mas nem sempre foi assim. A Eliane Robert de Moraes toca muito bem nesta questão, ao lembrar que também já existiu, antes deste erotismo moderno, uma "alegria erótica", uma exaltação dos amantes e do ato erótico. E que passa exatamente por esse delicado e lento despertar dos sentidos. Esta é uma questão que tem me interessado muito, porque passa por aquilo que Jorge Mautner e Alejandro Jodorowsky ressaltam em suas falas, de que antes o mundo era bendito, e precisávamos ser malditos. Hoje o mundo é maldito, regido exatamente por essa violência cotidiana, e talvez a arte precise se deslocar para responder a isso com o estabelecimento de outros laços, de outras relações. Por isso, me interessa cada vez mais a arte como cura, como forma de reencontro do corpo consigo mesmo e com o outro.

Neste sentido, me interessaria, embora não saiba ainda como resolver, pensar um ambiente, um penetrável, voltado para o lento despertas dos sentidos: o olfato, o tato, o paladar, a visão, a audição. E que fosse, em algum sentido, uma obra aberta, dialógica, onde os corpos atuassem de forma criativa. A questão da autoria aberta na poesia ainda é quase um tabu: se fala em interação, mas não em transformação. E é um ponto que me interessa. Uma obra que fosse uma "renga ambiental", um processo criativo coletivo, em permanente relação.

É interessante essa questão da autoria aberta, porque passa pela questão do espectador, do espetáculo. Mesmo um poeta com uma postura muito íntegra como o Chacal, que tem nos últimos anos centralizado a sua atuação em libertar a poesia do papel para a voz, buscando a oralidade e a performance, rompe com o suporte mas não rompe com a estrutura de documento, de monumento do texto. Além disso, mantém um certo estoicismo do papel branco, ao fazer uma performance onde ambiente, roupa, cheiros, cores se neutralizam para dar presença a um corpo despojado de artifícios. Não há a transposição para um espaço magnetizado de estímulos sensoriais, há a tentativa realista do cotidiano reproduzida no palco. E há o palco: a relação que se estabelece é de espetáculo, entre performer e espectador, assim como no livro seria entre autor e leitor.

Outro dia, li um artigo sobre como os pesquisadores estavam descobrindo que, ao entrar em cavernas para observar as pinturas rupestres, ao trocar a estabilidade da luz elétrica pelo bruxuleio de tochas, descobriram que estas criavam oscilações, possivelmente intencionais, nos desenhos, criando a ilusão de movimento. Possivelmente, aqueles homens e mulheres estavam criando o primeiro cinema, o que já é uma ideia fascinante. A ideia não era criar desenhos estáticos, mas trabalhar com as texturas, as ondulações das paredes das cavernas, e com as cores, buscando o efeito de animação.

Para além disso, temos que nos lembrar que aqueles homens e mulheres não estavam lá apenas contemplativos, como sóbrios críticos numa galeria de arte. Havia canto, dança e tudo o mais. Era uma manifestação artística integral e não apenas plástica. O que faz parte das origens da arte. A cisão entre diferentes linguagens veio depois e, mesmo passado mais de um século das vanguardas artísticas, ainda não está estabelecida a renovação da integalidade da arte. Na poesia, quem mais longe foi nesse sentido foi um movimento brasileiro, exatamente o neoconcretismo, ao buscar poemas integrais, que lidassem com diferentes manifestações artísticas e com a interação do espectador. O que faltou ainda, para eles, foi exatamente a autoria aberta.

Um penetrável que se busque como cura para corpos adormecidos pela situação que estamos vivendo globalmente precisará acordar esses sentidos sensorias todos, ser uma espécie de tantra que, de forma aberta, permita os corpos se perceberem e também se criarem. As novas relações sociais passam também pelas novas relações individuais com os próprios corpos. Se apreendermos a respeitar os ritmos, as características, os tempos de nossos corpos, podemos estabelecer relações mais saudáveis também com os outros corpos, entendendo que elas não são nunca previamente dadas mas descobertas. Cada corpo é um corpo. E cada corpo é a promessa de uma festa. Contra a miséria do tempo, contra o peso das perdas cotidianas que estamos sofrendo, nos resta a alegre celebração erótica do encontro de corpos. Um poema que seja cura é também um poema que seja festa. "O que espanta miséria é a festa", como dizia Beto Sem Braço, lembrado pelo grande Luiz Antonio Simas.

O que me leva a repensar aquele enunciado seminal de Isadore Ducasse, que poderia ser unido ao *memento* de Breton: "A poesia será feita por todos, ou por nenhum".

Você diz que os livros precisam ser objetos pacientes. Como você pensa a recepção de público para a poesia?

É muito raro um poeta conseguir viver de sua poesia. Quando isso ocorre, é a partir de desdobramentos da sua obra, como palestras e apresentaçoes ao vivo. E o que é possível de se perceber é que, nesses casos, os poetas correm sério risco de adaptar, simplificar a sua poesia para apenas uma expressão, que permita a identificação imediata não apenas do público, como dos seus contratantes. Isso pode ocorrer com o uso de uma linguagem mais direta, seja de denúncia ou humor, ou ressaltando características identitárias, se colocando como uma voz representativa de um grupo. Em ambos os casos, há o perigo de restringir a força poética. Não tem jeito, há sempre um conflito entre poesia e mercado.

O grande poeta português Herberto Helder certa vez declarou que o êxito, o prestígio, é prejuízo para a poesia, porque o poeta deve estar disponível para decepcionar o seu leitor. Decepcionar, para ele, é garantia de movimento. Concordo plenamente. Esse conflito entre poesia e mercado, entre poesia e público, acaba permitindo uma liberdade expressiva muito maior. É possível experimentar, é possível transformar, é possível errar. Frente a artes industriais, onde todo erro é uma catástrofe, a poesia tem esse privilégio. Não permite que o poeta sobreviva dela, mas permite que ela sobreviva ao poeta.

Eu aprendi com o Afonso Henriques Neto que é preciso ter muita paciência para ser poeta. Paciência de saber que poucos leitores atentos já são uma conquista maravilhosa. A poesia não pode ser entendida por números. Afonso, em décadas de trabalho primoroso como poeta, conquistou um público restrito mas altamente atento à sua obra. Leitores que mergulham numa poesia densa, singular, diversa, com muita vontade e prazer, que estão dispostos a buscar entender as diferentes vozes que o poeta vai construindo a cada texto, a cada livro. Esse, para mim, é um êxito sem prejuízo.

Para se compreender melhor essa questão do outro tempo da poesia, gosto de pensar na história narrada por Ailton Krenak. Ele conta sobre uma pesquisa com imagens de satélites na Floresta Amazônica, que mostra que há nela alguns trajetos de plantas, que seriam como ruínas vegetais de diferentes povos. Normalmente, estamos acostumados com a ideia de ruínas minerais. Restos de edificações. Mas essas imagens mostram que esses povos andavam pela floresta e iam aos poucos a enriquecendo. Como voltariam para aquele trajeto em anos seguintes, plantavam aqui um caju, ali um açaí, para poder usufruir desses alimentos no retorno. É possível ver nas imagens de satélites os desenhos desses jardins ou pomares, criados artificialmente.

É o oposto do que a cultura ocidental se acostumou a fazer, que é saquear, extrair todas as riquezas dos territórios e seguir em frente. É enriquecer aquele território, cultivá-lo de forma plural e não invasiva. Penso o mesmo da poesia. De certa forma, a indústria cultural é um saque, rouba linguagens para torná-las eficientes ao mercado. A poesia, ao contrário, é uma forma de enriquecimento desses territórios da cultura, dessas linguagens, visando uma relação constante. Não tem obrigação de resposta imediata, então pode-se dar ao luxo de, de alguma forma, espalhar benefícios.

Sobre essa questão do enriquecimento simbólico, importante ressaltar que seu trabalho editorial, não só em relação à poesia, é muito marcado pela questão da memória...

Creio que é inquestionável para todo mundo que trabalha com cultura e pensamento no Brasil o fato de que é um país que não valoriza a memória. Há um apagamento constante da nossa história. Um amigo brinca que o Brasil é um malabarista de uma bola só: escolhe sempre um nome ou movimento para ser valorizado em detrimento dos outros, não aceitando a pluralidade.

A minha geração, que começou a atuar na década de 1990, foi muito marcada pela tentativa de ampliação da cartografia cultural do país. Os anos 1990 eram o deserto do real: pegamos um cenário cultural destruído pelo governo Collor, restrito e empobrecido. O nosso principal trabalho foi de tentar reestruturar essa cartografia, ampliando vozes e agentes culturais. Para isto, houve um esforço em retomar a obra de artistas que tinham sido relegados praticamente ao esquecimento pela mídia e pela crítica especializada. Nomes como Roberto Piva, na poesia, Tom Zé e Jards Macalé, na música, Rogério Sganzerla, no cinema, Flávio de Carvalho, nas artes visuais, e muitos outros. A minha editora, Azougue, teve, e continua tendo, um papel fundamental neste sentido.

Agora, a questão da memória traz muitas complexidades. Uma delas é a questão das agendas do tempo. Cada tempo tem uma agenda própria de temas e interesses, que pode ser mais ou menos ampla ou justa, mas que sempre traz apagamentos. Por mais importante que uma agenda seja, sempre há zonas de sombras. Faz parte do trabalho de memória não ser sequestrado pela contemporâneo, pela agenda do seu tempo, buscando incluir também autores que estão fora ou algumas vezes até em oposição a ela, mas que nem por isso deixam de ter importância histórica e cultural.

Penso que o trabalho editorial, e pode ser que isso se amplie para o trabalho artístico como um todo, precisa ser realizado pela soma de dois movimentos opostos, o centrípeto e o centrífugo. De um lado, é preciso um movimento de aproximação ao tema ou objeto. Um volteio. De outro, um movimento de ampliação do gesto, abarcando outros temas e objetos ao interesse. Um movimento sem o outro ou leva a uma dispersão que pode ser infértil, ou a um fechamento de perspectivas que pode levar a um olhar restritivo.

Por fim, a questão da memória precisa ter um movimento duplo também: um olhar ao passado e outro ao futuro. Arrancar alegrias ao futuro, como anunciou Maiakóvski. Todo o meu trabalho de memória é voltado não para o monumento, mas para a atualização, sempre buscando não apenas a importância histórica, mas também a potência presente.

Para além da memória, como você vê a questão da crítica?

Sobre a crítica, creio que existem duas questões em paralelo. Em primeiro lugar, o espaço da crítica. Ao contrário do que se poderia esperar, o surgimento do meio digital impactou negativamente o espaço da crítica. Nas três últimas décadas, tivemos uma grande perda dos espaços tradicionais de crítica literária nos jornais e revistas, sem a substituição por novos meios. Os raros veículos novos que surgiram são extremamente especializados. Então, perdemos a capacidade da crítica informar uma parcela maior da sociedade.

O meio acadêmico, que poderia exercer esse papel, também se absteve de criar interlocuções com a sociedade. Mesmo que nos últimos anos tenha ocorrido uma renovação dos autores pesquisados, com a incorporação da produção contemporânea, os resultados dessas pesquisas acabam ficando restritos para o escasso público interno das universidades, sem atingir nem mesmo o público leitor de poesia. E ainda há a falta de uma crítica mais panorâmica da produção atual, que tente entender os seus campos de força e não apenas se debruçar sobre um ou outro autor.

Mas, para além de tudo isso, há uma outra questão: a crítica, de certa forma, perdeu nas últimas décadas a sua capacidade propositiva. Lembro de uma conversa de Caetano Veloso com Luiz Carlos Maciel e Jorge Mautner, realizada em meados da década de 1970, onde o compositor expõe essa percepção: segundo ele, especialmente nas décadas de 1950 e 1960, a crítica e os criadores estiveram muito próximos, não apenas conceitualmente mas também existencialmente, trocando ideias no dia a dia. Havia uma sincronicidade. Em consequência, a crítica também era propositiva, estava pensando junto as possibilidades de criação artística. É possível citar, por exemplo, Mário Faustino e Torquato Neto, poetas-críticos que tiveram uma importância muito grande na renovação da poesia da época. Mas, a partir da década de 1970, houve um afastamento entre crítica e criação, e a crítica se tornou reativa: ao invés de participar ativamente dos debates, respondia a obras já prontas, refletindo apenas *a posteriori* sobre elas.

Creio que Caetano está certo: houve essa cisão entre crítica e criação, e isso não foi positivo. Seria importante se criar não apenas novos espaços para a crítica, como formas de encontro entre pensadores de diferentes esferas. Essa religação entre reflexão crítica e criação artística não é só necessária, como urgente.

Dito tudo isso, como você definiria a poesia?

A poesia é um *moto continuum* formado por dois princípios: o "tu não te moves de ti" de Hilda Hilst e o "tu não chegas até ti" de Paul Celan. Esse ser ao mesmo tempo inefável e inescapável é o mistério movente da poesia. Como disse no começo, creio que a poesia está umbilicalmente ligada à humanidade. Creio que a humanidade se origina da percepção de que a realidade não é algo dado e de que existem poderosos dispositivos internos de transformação e de envolvimento com diferentes formas de perceber e lidar com o mundo. Enquanto houver humanidade haverá poesia. E enquanto houver poesia haverá humanidade.

SOBRE O AUTOR

Sergio Cohn nasceu em São Paulo, em 16 de abril de 1974, e mora no Rio de Janeiro desde 2000. Mora atualmente, feliz da vida, com sua mulher Ana, seu filho Leo e três gatos, numa casa de 1891, que anteriormente pertenceu a um anarquista italiano, na Vila dos Operários da antiga América Fabril, ao lado do Jardim Botânico.

Criou a revista de poesia *Azougue*, em 1994 e da Azougue Editorial, em 2001. Em 2020, a Azougue abriu sucursais em Portugal e EUA e em 2021 foi criada a Tucán, com sede no Chile. É editor de diversas coleções de cultura e pensamento brasileiro, de áreas como pensamento indígena (Tembetá), música (Cadernos de Música), cinema (Cadernos de Cinema), poesia ibero-americana (Palavbras Andantes, que já publicou antologias de poesia contemporânea brasileira, argentina, colombiana e portuguesa e está editando antologias mexicana, cubana e boliviana), ensaios (Ultramares) e quadrinhos (Expessa, vencedora do prêmio HQMix de melhor projeto editorial em 2021). É um dos editores da Biblioteca Básica Latino-Americana, em parceria com a Fundação Darcy Ribeiro. Foi coordenador da área de Literatura do Plano Nacional das Artes, da Funarte-Ministério da Cultura, entre 2015 e 2016.

É autor de *Nuvem Cigana — poesia e delírio no Rio dos anos 1970* (2007), *Tropicália* (com Fred Coelho, 2008), *Cultura Digital.br* (com Rodrigo Savazoni, 2009), *Produção Cultural no Brasil* (4 volumes, 2010), *Revistas de Invenção* (2011), *Poesia.br* (10 volumes, 2013), *11 poetas brasileros* (Coleção Libro al Viento, Bogotá, Colômbia, 2013, com poemas de

Roberto Piva, Leonardo Fróes, Paulo Leminski, Chacal, Bernardo Vilhena, Alice Ruiz, Paulo Henriques Britto, Ricardo Aleixo, Alberto Pucheu, Angélica Freitas e Ana Martins Marques). *A Reflexão Atuante* (2014), *Cinema Novo* (com Daniel Caetano, 2021), *Cantos Ameríndios* (2021) e *Poesia Neoconcreta* (com Renato Rezende e Luiz Guilherme Ribeiro Barbosa, 2021), entre outros livros.

Organizou livros de Robeto Piva, Vinicius de Moraes, Gilberto Gil, Ailton Krenak, Jorge Mautner, Hélio Oiticica, Darcy Ribeiro, Leonardo Fróes, Guilherme Zarvos, Josely Vianna Baptista, Orides Fontela, Sônia Guajajara, Eliane Potiguara, Torquato Neto, Rogério Duarte, Capinan, Flávio de Carvalho, Rogério Sganzerla, Ruy Guerra, Tom Zé, Elza Soares, Laerte, Lourenço Mutarelli, Gary Snyder, Michael McClure, Jerome Rothenberg, Eduardo Galeano, Mário de Andrade, entre outros poetas e grandes nomes da cultura.

Co-dirigiu os curta-metragens *O Portal* (com Paulo Sacramento e Christian Saghaard, 2000) e *Um Animal na Montanha* (sobre Leonardo Fróes, com Alberto Pucheu e Gabriela Capper, 2016). Produziu os discos *Mitologia do Kaos*, de Jorge Mautner, em 2001, e *Garganta*, LP coletivo de poesia com participação de Ana Martins Marques, Angélica Freitas, Bruna Beber, Fabricio Corsaletti, Gregório Duvivier e Marcelo Montenegro, entre outros, em 2016.

Em 2013, publicou o livro de poemas infantis *Futebol dos Animais*, escrito em parceria e ilustrado por seu filho Leonardo Cohn, então com oito anos. É um dos autores da coleção infantil *Turma da Onça-Pintada*, em parceria com o Instituto Onça-Pintada.

Segue acreditando que é possível se estabelecer novas formas de trato com o mundo, mais belas, justas e solidárias, a partir da cultura e do pensamento.

CPSIA information can be obtained
at www.ICGtesting.com
Printed in the USA
LVHW070549060423
743649LV00010B/116

9 788565 332385